林业政策关注度及网络影响力研究报告

毛炎新　吴琼　张大伟　白志勇　杨巍　编著

中国林业出版社

图书在版编目（CIP）数据

林业政策关注度及网络影响力研究报告/毛炎新等编著. —北京：中国林业出版社，2018.9

ISBN 978-7-5038-9750-4

Ⅰ.①林… Ⅱ.①毛… Ⅲ.①林业政策-研究报告-中国 Ⅳ.①F326.20

中国版本图书馆 CIP 数据核字（2018）第 221083 号

出　版：中国林业出版社（100009　北京西城区德内大街刘海胡同 7 号）

E-mail：fwlp@163.com　　**电话**：（010）83143615

发　行：中国林业出版社

印　刷：三河市祥达印刷包装有限公司

版　次：2018 年 9 月第一版

印　次：2018 年 9 月第一次

开　本：787mm×1092mm　1/16

印　张：6.5

字　数：155 千字

定　价：50.00 元

前言 preface

林业不单是追求经济效益的行业，更具有重要的社会公益性、生态效益等多种属性，涉及社会群体的各个层面。当前，中国林业进入了快速发展和变化的阶段，政府主导着林业的改革与发展方向，社会对林业政策关注程度直接关系到林业的改革和发展成效，这为行业从业者和社会带来了机遇和挑战。一方面，社会需要了解当前林业发展的方针政策，包括从事林业相关的种植、木材加工、林产品进出口、森林旅游、生态建设等利益相关的群体，以更好地理解和把握政策走向；另一方面，林业主管部门也需要从社会得到反馈，尤其是政策出台后其政策对社会的影响面、影响力，以便更好地调整改进政策。

传统的方法可以满足上述部分需求，比如问卷调查、媒体宣传，但这是一个耗时耗力的过程。庆幸的是，在互联网时代，政府通过官网及时发布林业法律、法规和政策，社会也可以通过各种网络媒体关注、评价各项政策，这意味着可以通过大数据技术获取到这些公开信息，并利用现代分析手段快速、准确得出林业行业的关注热点和社会对林业的关注热点，并进行比较。

本书针对各级林业系统的官网公开信息进行了数据采集，共提取了2006—2015年计19303字，运用大数据统计分析方法，通过技术手段提取了关键字，并统计出关键字频度、权重等因子，用关键字及其频度和权重来反映林业行业内所关注的内容及程度。内容来源于中国林业网，各省、自治区、直辖市林业厅（局），内蒙古、吉林、龙江、大兴安岭、长白山森工（林业）集团公司，新疆生产建设兵团林业局的公开信息，天津、上海、江西省级林业官网因技术原因，未在分析范围。

本书开发了提取林业信息的大数据工具，提出了林业关键字分析的模式，研究涉及的案例、报告和信息能够为相关研究提供借鉴和参考。由于林业行业开展相关研究较少，很多工作是在摸索、学习、不断重复过程中完成的，不足之处在所难免，敬请读者批评指正。

编者

2018. 8. 8

目 录 contents

1 林业行业政策关注度

各级林业主管部门作为林业行业相关法律法规的执行者和宣传者，其关注的内容可反映出当前国家的林业大政方针、林业政策方向、各级林业主管部门的主要工作内容。为此，研究组对中国林业网和各省、自治区、直辖市林业厅（局），内蒙古、吉林、龙江、大兴安岭、长白山森工（林业）集团公司，新疆生产建设兵团林业局官网的公开信息进行了统计分析，天津、上海、江西等省份的林业官网因技术原因，未在分析范围。此次共提取的文字内容占据769M空间，共计22 930万字。通过技术手段，提取了关键字，并统计出关键字频度、权重等因子，用关键字及频度和权重来反映林业行业所关注的相关内容及影响程度。

1.1 综述

1.1.1 研究的目的意义

林业不单是追求经济效益的行业，它具有重要的社会公益性、生态效益等多种属性，涉及各个层面社会群体。因此，发展趋势是政府主导下的社会办林业。社会对林业政策程度关注程度直接关系到林业的发展。

随着现代社会的发展，基于传统方法的林业政策评价体现出明显的局限性，主要包括：评价速度慢、效率低，成本高，主观性强，涉及群体有限，社会对评价的认可度难以检验。因此迫切需要新的评价方法适应现代社会的需要。

现在已进入网络信息时代，大数据评价方法应用而生，在国际国内有影响力的事件或重大决策广泛应用大数据方法。运用大数据方法，获得的林业政策社会影响力的评价结果对修正现有林业政策提供依据，制定林业新的政策提供参考。有利于对林业政策的普及与宣传，加强林业政策与社会互动，加深社会对林业政策的理解与联系，有利于林业政策的贯彻落实。

1.1.2 国内外现状和发展趋势

影响力（Influence），一般认为指的是用一种为别人所乐于接受的方式，改变他人所乐于接受的方式，改变他人的思想和行动的能力。在牛津词典中的定义是“The capacity to have an effect on the character, development, or behaviour of someone or something, or the effect itself”。

林业政策可在横向和纵向两个方向发展，从纵向角度，包括国家级、省级、地市级、县级林业政策，从横向角度，包括林业各行业相关政策，如森林资源、防火、造林、动植物保护等政策。在非互联网时代，评价林业政策影响力（Forest Policy Influence，FPI）的方法一般需要通过调研、问卷的方式，FPI 以描述性统计、信度统计、因子分析、相关分析、回归分析等方式试图准确评价 FPI。随着网络的普及，现有林业政策及新发布政策基本通过网络发布，这些政策可通过官方网络媒体、搜索引擎、社交网络等多种方式获取。由于网络的特性，其影响将会以几何级的速度扩展。在此情况下，大数据（Big Data）概念应用而生，维基百科对大数据的定义为：大数据是指利用常用软件工具捕获、管理和处理数据所耗时间超过可容忍时间的数据集。传统的评价方法已不能满足新形势下的需要，如何在海量的互联网中评估 FPI 需要结合网络信息技术、统计学、计量学等学科和大数据等诸多理论的支撑。

1997 年 T. C. 阿曼德首次提出了“网络计量学”（Webmetrics 或 Cybermetrics）的概念。将传统的计量方法运用到基于 Web 的网页分析上，通过语义语法分析，对词汇词频等进行科学统计，运用图论方法对数据进行可视化研究。

2004 年，Google 公司提出 MapReduce 算法，作为面向大数据分析和处理的并行计算模型，并应用到旗下搜索应用中，满足了海量网页的搜索、排名等应用。MapReduce 在设计之初，致力于通过大规模廉价服务器集群实现大数据的并行处理。

2005 年 Apache Software Foudation 发布 hadoop 框架，成为分析大数据的主要开源平台，其提供的 HDFS、MapReduce 实现、Hbase、Hive 等满足了海量数据存储、查询、分析和挖掘的实时需求。Baidu、阿里、淘宝等基于 hadoop 搭建自己的大数据分析平台，致力于各自行业的海量数据分析需求。

在数据挖掘算法方面，1993 年 Quinlan, J. R 提出 C4. 5 分类算法。MacQueen, J. B 于 1967 年提出 K-Means 聚类分析算法。Vapnik, V. N 与 1995 年提出 SVM 统计分析算法。Rakesh Agrawal 于 1994 年提出 Apriori 关联分析算法。McLachlan, G 于 2000 年提出 EM 统计学习算法。

在影响力指标研究方面，一些通用的指标已广泛应用到各行业，baidu 等搜索引擎通过搜索关键字排名指标确定当前热点问题。电商系统通过用户点击量、访问路径、区域、停留时间、访问时间、访问频度、网络可见度等指标来判断其影响力。政府网站通过传播渠道覆盖度（包括搜索引擎、社交、网络媒体），传播过程畅通度来评价其影响力。在科研领域，通过 altmetrics 指标（主要方法是研究透过在线平台被引用、Twitter、分享或收藏、转载下载、点评的次数）来衡量科研影响力。

目前专门针对政策影响力评价分析的方法和指标很少，林业政策具有经济性、社会性、生态性等多种属性，如何构建提取林业政策语义、语法库，在复杂、海量的互联网环境下提出其影响力评价因子，构建林业政策影响力评价指标体系亟待研究。

1.1.3 研究目标和内容

运用大数据理论和方法、网络计量学、数据挖掘技术，对网络媒体、搜索引擎、社交网络等涉及林业政策的内容展开调查，通过构建大数据分析工具和方法，分析研究林业政策对社会影响的主要内容。在此基础上，设计和制定林业政策社会影响力评价指标体系，分析影响力因子，发布林业政策社会影响力评价报告，为修正和制定现有林业政策提供辅助决策，使林业政策发挥更大的经济、社会和生态效益。

1.2 林业行业政策关注度分析

1.2.1 林业行业前十大关键词

统计结果显示，自 2006 年起到 2015 年间，林业行业关键词总排名中，“森林防火”高居榜首，出现频数达到 14.01 万次，在统计的前 100 个关键词频数中占 15.20%。与之相关的“森林火灾”在总排名中处于第四位，占前 100 个关键词排名频数的 4.57%。两者相加，在前 10 大关键词排名频数中占 37.46%，足见林业各级政府对森林防火工作的重视。此外，“森林资源”“野生动物”“国有林场”“林业有害生物”“集体林权”“森林公园”“防控”“防沙治沙”分别占据前 100 个关键词排名的前 10 名位置（表 1）。

表 1 2006—2015 年林业行业前 10 位高频关键词排名

排名	关键词	频次	前 100 个关键词中所占比例（%）	在前 10 个关键词中所占比例（%）
1	森林防火	140 080	15.20	28.80
2	森林资源	68 055	7.38	13.99
3	野生动物	63 173	6.85	12.99
4	森林火灾	42 138	4.57	8.66
5	国有林场	38 131	4.14	7.84
6	林业有害生物	37 259	4.04	7.66
7	集体林权	30 053	3.26	6.18
8	森林公园	27 993	3.04	5.75
9	防控	22 645	2.46	4.66
10	防沙治沙	16 918	1.84	3.48

注：在前 10 位排名中以及计算前 100 个关键词所占比例时，剔除了“林业主管部门”“党员干部”“国家林业局”等非业务高频词。

在前 100 名关注度统计中，关于森林防火及管理的高频词有 10 个，分别是森林防火、森林火灾、防控、森林防火指挥部（森防指）、森防、森林草原防火、森林消防、春防、护林防火、飞防，搜索频次合计 23.98 万次，占前 100 个关键词频次的 26.01%；涉及林业有害生物防治的关键词包括林业有害生物、防控、松材线虫、松材线虫病、松材线、森林病虫害防治等，合计频次 9.03 万次，占前 100 个关键词频次的 9.80%；涉及植树造林的关键词有林木种苗、义务植树、补植补造、全民义务植树、造林绿化、绿化美化、春季造林、作业设计、低产林改造、村屯绿化、国土绿化，合计频次 6.57 万次，占前 100 名关键词频次的 6.57%。

从统计结果可看出，政府部门重视民生，相关关键词出现概率较大，包括护林员、职工群众、棚户区改造（棚改）、困难职工等（图 1）。

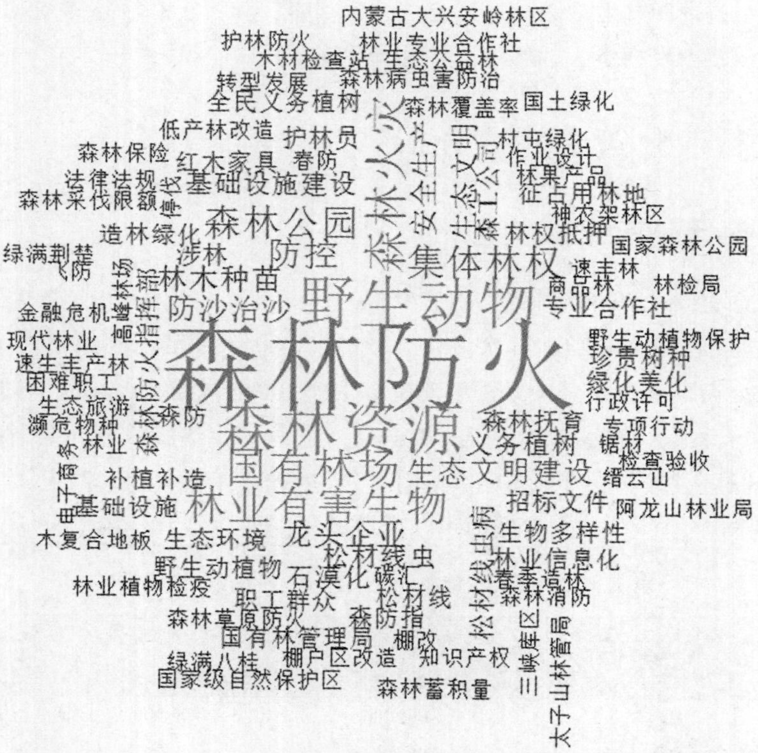

图 1　2006—2015 年林业行业前 100 个高频关键词云图

1.2.2　2006—2015 年关注度变化情况分析

根据分年统计关键词及出现频次，发现前 10 名关键词排名有浮动。2006—2015 年间，“森林防火”关键词除了 2007 年排在第二位外，其余年份均排在第一位。“集体林权”热点出现在 2006—2011 年间，之后跌出前 10 位。“森林资源”除了 2007 和 2015 年之外，均排在前 10 位靠前位置。在 10 年间，“野生动物”在前 10 位排名中均有其位置。“防沙治沙”自 2007 年后，淡出前 10 名。而“林业有害生物”自 2009 年开始，每年均处于前

10位置。“国有林场”自2008年出现在前10位后，排名不断上升，到2015年位居第三位。“森林公园”一直受到关注，有8年均在前10位，但从2014年开始，跌出前10位。“林木种苗”或“林木种子”也是受关注较多的高频词，曾有4年位居前10位。林业建设跟生态文明建设密不可分，“生态文明建设”自2013年开始，均处在前10位。统计发现，“义务植树”“现代林业”“防控”也经常出现在前10位排名中（表2）。

表2 2006—2015年林业行业前10位高频词出现频次及变动情况 （频次）

2006年		2007年		2008年		2009年		2010年	
森林防火	2733	集体林权	3978	森林防火	7095	森林防火	10 402	森林防火	11 783
森林资源	1534	森林防火	2734	集体林权	5770	集体林权	6249	森林资源	6811
野生动物	1171	森林公园	2558	森林资源	5410	森林资源	6105	集体林权	6411
森林火灾	1032	森林公安	1497	森林公安	2326	森林火灾	2995	野生动物	3459
防沙治沙	726	防沙治沙	1438	林木种苗	2298	义务植树	2893	国有林场	3260
集体林权	726	野生动物	1213	森林火灾	2277	防控	2684	森林火灾	3036
森林公园	688	林木种苗	1192	森林公园	2244	野生动物	2563	现代林业	2505
检查验收	593	实木地板	1171	生态文明	1906	现代林业	2300	森林公安	2370
林木种子	582	森林火灾	1033	野生动物	1602	林业有害生物	1906	林业有害生物	2178
野生动植物	544	国家级森林公园	947	国有林场	1286	森林公园	1573	森林公园	2081
2011年		2012年		2013年		2014年		2015年	
森林防火	14 793	森林防火	9000	森林防火	26 436	森林防火	22 446	森林防火	25 856
森林资源	9599	森林资源	9000	野生动物	9682	森林资源	15 210	野生动物	16 258
野生动物	5865	野生动物	7540	森林火灾	8435	林业有害生物	9290	国有林场	14 318
集体林权	5217	森林火灾	5761	防控	5592	野生动物	9075	林业有害生物	9055
国有林场	4458	森林公安	5580	国有林场	4858	森林火灾	7284	有限责任公司	7944
义务植树	4454	林业有害生物	4489	生态文明建设	4663	国有林场	4850	生态文明建设	7698
森林火灾	3984	森林公安局	4465	林业有害生物	4075	森林公安局	4733	森林火灾	7162
森林公园	3156	国有林场	3834	义务植树	4046	生态文明建设	4204	森林公安局	6997
林业有害生物	3055	森林公园	3775	森林公园	3757	林木种苗	2940	防控	6775
防控	2873	义务植树	3661	林木种苗	2949	专业合作社	2708	义务植树	5057

1.2.3 林业高频关键词共词网络分析

为了进一步分析高频词之间的关系，借助共词分析（Co-word Analysis）方法构建共词矩阵，主要原理是两个因子，例如两个关键词、两个概念同时频繁出现在一个文档中时，表明其之间有很强的相关性。两个因子之间的关系强度可通过构建相似矩阵、相异矩阵来反映。为此，对前50个高频词进行两两运算，按照（1）计算方法，计算出相互同时出现在同一文档中的频次。

$$M_1 = \begin{pmatrix} X_{11} & X_{12} & \cdots & \cdots & X_1n \\ X_{21} & \cdots & \cdots & \cdots & X_2n \\ \vdots & & & & \\ \vdots & & & & \\ Xm_1 & \cdots & \cdots & \cdots & Xmn \end{pmatrix} \quad (1)$$

其中，$Xmn = \sum_{i=1}^{k}$ 高频词 m 和高频词 n 同时出现在一篇文档中，k 为所有文档数量。

在数据处理阶段，所有文档已保存到数据库中，每个文档作为一条记录。通过 SQL 语句，统计出两个高频词同时出现一个文档的合计数。在计算过程中，剔除了非业务高频关键词，最终形成 40 × 40 高频关键词共词矩阵，部分结果（表 3）。

表 3　2006—2015 年林业高频关键词共词矩阵（部分）　（频次）

	森林防火	野生动物	森林资源	森林火灾	集体林权	林业有害生物	国有林场	生态文明	森林公园	防控	义务植树	森林公安局
森林防火	30 043	2622	12 421	13 118	2242	2318	3279	3873	2537	3594	1670	2467
野生动物	2622	13 305	3744	1569	1112	1210	1214	2537	1532	2215	884	2076
森林资源	12421	3744	35 424	6360	5474	2949	4753	6582	3427	3017	2117	2672
森林火灾	13 118	1569	6360	17 144	1404	1692	1998	2080	1595	2771	1183	1616
集体林权	2242	1112	5474	1404	12 961	1084	2022	2750	1058	949	1167	307
林业有害生物	2318	1210	2949	1692	1084	8930	1219	1493	866	3871	938	352
国有林场	3279	1214	4753	1998	2022	1219	12 427	2373	2149	1175	940	745
生态文明	3873	2537	6582	2080	2750	1493	2373	19 075	2383	1714	2496	962
森林公园	2537	1532	3427	1595	1058	866	2149	2383	10 381	885	1189	474
防控	3594	2215	3017	2771	949	3871	1175	1714	885	10 962	643	946
义务植树	1670	884	2117	1183	1167	938	940	2496	1189	643	8469	182
森林公安局	2467	2076	2672	1616	307	352	745	962	474	946	182	11 775

根据共词矩阵，绘制了林业行业高频词网络图（图 2），图中链接线越粗，表示关键词之间的关系越密切，节点越大，表示中心度越高。从图中可看出，“森林防火”与“森林火灾”“基础设施”“基础设施建设”“森林资源”具有紧密的关联性。

1.2.4　关键词聚类分析

为了后续计算方便，首先将共词矩阵转换为相似矩阵和相异矩阵，相似矩阵如（2）式。

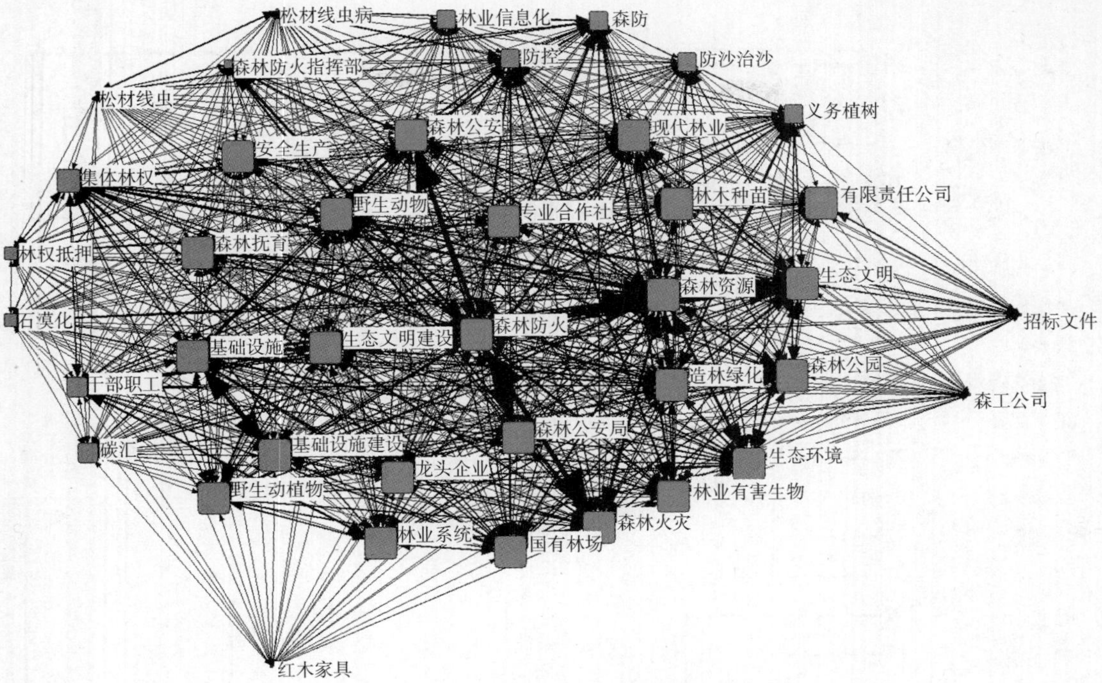

图 2　2006—2015 年林业行业高频词网络图

$$
M_2 = \begin{pmatrix} X_{11} & X_{12} & \cdots & \cdots & X_1n \\ X_{21} & \cdots & \cdots & \cdots & X_2n \\ \vdots & & & & \\ \vdots & & & & \\ Xm_1 & \cdots & \cdots & \cdots & Xmn \end{pmatrix} \qquad (2)
$$

其中，Xmn（Ochiia 系数）$= \dfrac{\sqrt{Fab}}{\sqrt{Fa}\sqrt{Fb}}$，$Fab$ 为关键词 a 和关键词 b 同时出现的频次合计，Fa 为关键词 a 出现的频次合计，Fb 为关键词 b 出现在文档中的频次合计。相似矩阵中数据越大，表明两个关键词之间的距离越近，反之越远。

依据（2）式，对表 3 林业高频词共词矩阵进行转换，得出林业高频词相异矩阵（表4）。

通过聚类分析，将高频关键词划为 4 类群体，其中“松材线虫”“林业有害生物”“防控”等属于一类；“龙头企业”“专业合作社”“集体林权”“林权抵押”“现代林业”具有较强的关联性；而“义务植树”“造林绿化”“森林抚育”“碳汇”“石漠化”等之间具有较强关联性（图 3）。

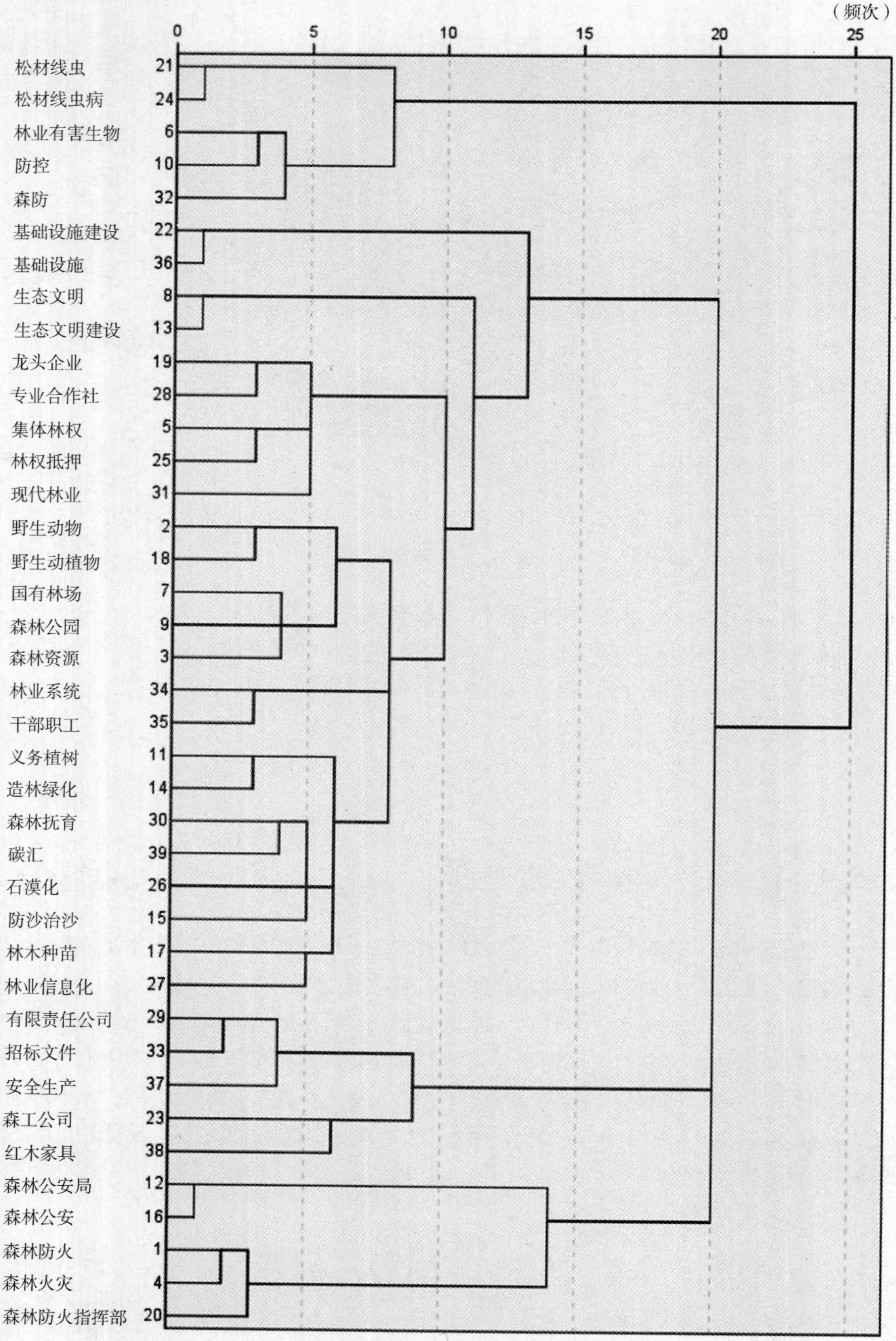

图 3　2006—2015 年高频关键词使用 Ward 连结的树状图

表 4 2006—2015 年林业行业高频关键词相似矩阵（部分） （频次）

	森林防火	野生动物	森林资源	森林火灾	集体林权	林业有害生物	国有林场	生态文明	森林公园	防控	义务植树	森林公安局
森林防火	1.00	0.13	0.38	0.58	0.11	0.14	0.17	0.16	0.14	0.20	0.10	0.13
野生动物	0.13	1.00	0.17	0.10	0.08	0.11	0.09	0.16	0.13	0.18	0.08	0.17
森林资源	0.38	0.17	1.00	0.26	0.26	0.17	0.23	0.25	0.18	0.15	0.12	0.13
森林火灾	0.58	0.10	0.26	1.00	0.09	0.14	0.14	0.12	0.12	0.20	0.10	0.11
集体林权	0.11	0.08	0.26	0.09	1.00	0.10	0.16	0.17	0.09	0.08	0.11	0.02
林业有害生物	0.14	0.11	0.17	0.14	0.10	1.00	0.12	0.11	0.09	0.39	0.11	0.03
国有林场	0.17	0.09	0.23	0.14	0.16	0.12	1.00	0.15	0.19	0.10	0.09	0.06
生态文明	0.16	0.16	0.25	0.12	0.17	0.11	0.15	1.00	0.17	0.12	0.20	0.06
森林公园	0.14	0.13	0.18	0.12	0.09	0.09	0.19	0.17	1.00	0.08	0.13	0.04
防控	0.20	0.18	0.15	0.20	0.08	0.39	0.10	0.12	0.08	1.00	0.07	0.08
义务植树	0.10	0.08	0.12	0.10	0.11	0.11	0.09	0.20	0.13	0.07	1.00	0.02
森林公安局	0.13	0.17	0.13	0.11	0.02	0.03	0.06	0.06	0.04	0.08	0.02	1.00

1.3 各地区林业部门行业关注度分析

通过对相关省份林业部门官方网站文字内容的分析，提取了每个地区前 100 个高频词。其中，不同省份排名前 10 位的关键词各有区别，大致可归结为以下几类。

（1）反映各级林业部门主要职能高频词，不同省份排在前 10 位的高频词基本反映了各地区林业部门的关注点，如“森林防火”“野生动物保护”“生态文明建设”“林业有害生物”等均出现在各地区林业部门官方网站中。

（2）反映各地区发展和管理特色的高频词，比如，云南关注“农村能源”，内蒙古关注“森林草原防火”，内蒙古森工集团关注“困难职工”“棚改”，北京关注“平原造林”，广西关注“速丰林”，河南关注“花卉”，海南关注“公益林”，陕西关注“杂果经济林”等。

（3）反映森工集团、新疆兵团等管理与经营并存部门类的高频词，与主管部门关注的内容有显著区别。比如，对吉林森工集团的统计发现，排在前 10 位的关键词分别是“红木家具”“锯材”“金融危机”“木复合地板”“国有林场”“黄花梨”“森林防火”“圣象”“板式家具”“洗牌”，长白山森工集团关注“转型发展”“停伐”等（表 5）。

表 5 2005—2016 年有关省份及国家林业局前十大高频词 （频次）

地区及行业部门	十大高频关键词及词频
国家林业局	防控（9907），森林公园（9368），防沙治沙（7267），国有林场（6697），森林火灾（10 287），林业有害生物（11 974），野生动物（17 634），集体林权（18 626），森林资源（21 665），森林防火（24 573）
北京	绿化美化（275），森林火灾（215），国有林场（199），林木有害生物（176），防控（326），平原造林（367），有害生物（435），义务植树（454），野生动物（692），森林防火（702）

（续）

地区及行业部门	十大高频关键词及词频
山西	合作社示范社（18），退耕（13），造林绿化（11），林业工作站（10），森林防火（18），助理工程师（20），森林公园（22），野生动物（25），生态（47），专业合作社（116）
内蒙古	生态环境（887），森林草原防火（914），林业有害生物（938），义务植树（1111），国有林场（1558），野生动物（1610），生态文明（1733），林木种苗（1941），森林公安（2099），森林资源（2769）
辽宁	林业信息化（364），森林火灾（285），林业有害生物（278），防控（249），生态文明建设（372），防沙治沙（378），野生动植物（388），森林防火（441），国有林场（578），生态文明（820）
吉林	森林公安（540），基础设施（483），临江林业局（438），野生动植物（435），生态文明建设（656），森林公园（732），国有林场（1391），生态文明（1485），野生动物（1836），森林防火（2419）
黑龙江	集体林权（1798），义务植树（1647），森林火灾（1623），林业有害生物（1465），森防（2075），野生动物（2378），森林公安局（2571），国有林场（2750），造林绿化（4775），森林防火（6024）
江苏	森林公安（287），林业有害生物（271），绿色江苏建设（261），集体林权（209），防控（301），生态文明（304），国有林场（342），绿色江苏（371），森林资源（491），森林防火（630）
浙江	生态文明（110），森林消防（107），森林休闲养生（104），种质资源（104），生态文化（111），现代林业（120），森林公园（121），国有林场（137），野生动物（139），木本油料（190）
山东	森林火灾（265），湿地公园（254），林业有害生物（253），防控（225），国有林场（266），驯养繁殖（303），森林城市（314），出席会议（337），野生动物（529），森林防火（1158）
河南	动物疫情（77），林地变更（75），林地变更调查（73），资金（66），造林（85），花卉（97），林地（193），保护（201），野生动物（203），湿地（221）
湖北	神农架林区（3384），龙头企业（3336），专业合作社（2705），森林防火指挥部（2664），国有林场（5434），森林火灾（7906），林业系统（8424），野生动物（12 732），森林资源（16 007），森林防火（31 795）
湖南	野生动植物（1250），义务植树（1214），林业信息化（970），林业有害生物（949），森林公园（1446），生态文明（1698），野生动物（2126），森林火灾（2300），森林资源（4144），森林防火（5547）
广西	安全生产（2236），森林公安局（2106），速丰林（2062），石漠化（1817），森林公园（2395），珍贵树种（2556），野生动物（2937），森林防火（3122），高峰林场（3675），国有林场（5096）
海南	示范基地（46），集体经济组织（45），行政执法（44），尖峰岭（43），森林公安（50），林区林场（67），集体林权（75），集体林（82），林木采伐（82），重点公益林（84），森林资源（91）
重庆	防控（3765），国有林场（3218），野生动物（3051），生态文明建设（2524），林业有害生物（3913），森林公园（4463），松材线虫（4579），森林火灾（6147），森林资源（6909），森林防火（25 407）
四川	林业有害生物（3106），生态旅游（2575），森林公园（2491），野生动物（2471），森林公安局（3770），安全生产（4101），森林公安（4603），森林火灾（4678），森林资源（6788），森林防火（16 492）

（续）

地区及行业部门	十大高频关键词及词频
贵州	刺梨（99），市场前景（93），国家级自然保护区（88），湿地公园（87），陆生野生（112），森林公园（123），优惠政策（171），旅游（200），野生动物（274），生态（296）
云南	野生动物（721），生态文明建设（321），农村能源（324），林职院（395），森林火灾（396），高级技工学校（404），森林公园（425），国家公园（524），森林防火（717）
西藏	使用林地（83），野生动物（81），气候变化（72），造林绿化（69），教育培训（91），森林防火（107），生态系统（110），生态文明（127），民族团结（136），国有林场（137）
陕西	生态文明（823），森林公园（792），国有林场（763），杂果经济林（695），义务植树（847），野生动物（942），森林火灾（1008），集体林权（1066），森林资源（1833），森林防火（4006）
甘肃	权抵押贷款（1018），森林抚育（940），林业有害生物（894），检查验收（824），专业合作社（1056），林权抵押（1121），野生动物（1340），国有林场（1455），集体林权（1997），森林资源（3249）
青海	森林覆盖率（147），国家级自然保护区（140），森林防火（139），生物多样性（128），集体林权（189），生态系统（203），野生动物（482），国有林场（503），生态环境（506），生态文明（537）
宁夏	防控（185），行政执法（179），森林抚育（173），作业设计（156），中央财政（189），国有林场（194），生态文明（265），主管部门（276），防沙治沙（341），野生动物（358）
新疆	防沙治沙（2229），义务植树（1858），森防（1857），民族团结（1833），森林资源（3702），野生动物（3921），国有林管理局（4377），森林防火（5920），林业有害生物（6378），安全生产（7484）
内蒙古森工集团	困难职工（1958），生态文明（1750），棚改（1656），棚户区改造（1320），阿龙山林业局（2011），满归林业局（2045），内蒙古大兴安岭林区（2080），森林公安局（2559），职工群众（5256），森工公司（9846）
吉林森工集团	森林防火（1564），圣象（1460），板式家具（1391），洗牌（1338），黄花梨（1593），国有林场（1956），木复合地板（2201），金融危机（2282），锯材（3173），红木家具（6600）
黑龙江森工集团	森林抚育（569），野生动植物（622），森林火灾（645），停伐（732），森林公园（994），转型发展（1413），野生动物（1469），生态文明建设（1882），生态文明（3751），林业有害生物（565）
长白山森工集团	森林防火（557），绿色化（445），停伐（436），森林公园（297），生态文明（580），职工群众（684），野生动物（804），国有林场（891），转型发展（910），林业有限公司（1130）
新疆兵团	保障性安居工程（411），改造升级工程（370），输变电工程（365），发展改革委（345），援疆（506），水利水电工程（517），工业园区（637），保障性住房（677），基础设施（1654），招标文件（8530）
大兴安岭	森林消防（377），森林防火指挥部（374），秋防（332），森林资源（330），宣传教育（530），春防（633），防指（665），森防（851），森林火灾（1144），森林防火（4121）

1.4 主要关注高频词分析

为了进一步了解林业行业内关注的高频词所针对的内容，以高频词作为关键词，对相关的内容进行挖掘，计算出与高频词相关的关键词及频次，试图揭示其间的相关性。

1.4.1 森林资源

2006—2015 年间，“森林资源”关注度和信息量持续增加，2006 年出现“森林资源”的文档数量为 459 个，到 2015 年增长到 7027 个，年均增长率达到 35.41%（图 4）。

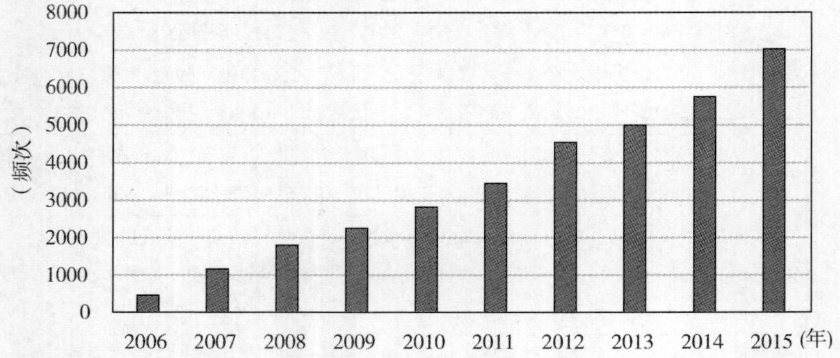

图 4　2006—2015 年“森林资源”信息量变化示意图

进一步对带有“森林资源”标题的文章进行挖掘后发现，林业行业对“森林资源”的主要行为可以分为以下几类（表 6）。

表 6　2006—2015 年“森林资源”相关关键词排名

关键词	频次	关键词	频次
森林防火	1731	林业主管部门	744
二类调查	1551	森林火灾	712
破坏森林资源	1343	野生动物	675
占用林地	1171	采伐限额	652
森林资源资产	1128	征占用林地	597
森林资源二类	992	森林覆盖率	592
专项行动	973	国有林场	575
全国森林资源	857	森林资源流转	558
森林资源连续	799	森林公安	550
林业有害生物	771	贯彻落实	476

第一，在森林资源调查统计工作中，“二类调查”“森林资源连续清查”“林地变更调查”“森林资源资产”“森林覆盖率”等作为高频词反映出林业森林资源调查的基本工作内容；第二，对森林资源的保护中，“森林防火”作为行业高频词的出现跟“森林资源”的强相关性，说明保护的重点是森林防火。“森林抚育”“巡山”“林政稽查”“生态效益补偿”“清理整顿”“森林采伐限额”“专项行动”等是保护的具体措施和办法；第三，在森林资源管理过程中，出现了一些行业内高度关注的违法犯罪行为的高频词，包括“征占用林地”“毁林”“毁林开垦”“采挖”“非法侵占林地”等。

1.4.2 森林防火

“森林防火”作为行业内最为关注的高频词，在2006—2015年间，有9年处在第1位。相关信息量一直保持高速增长，年均增长达到42.27%（图5）。

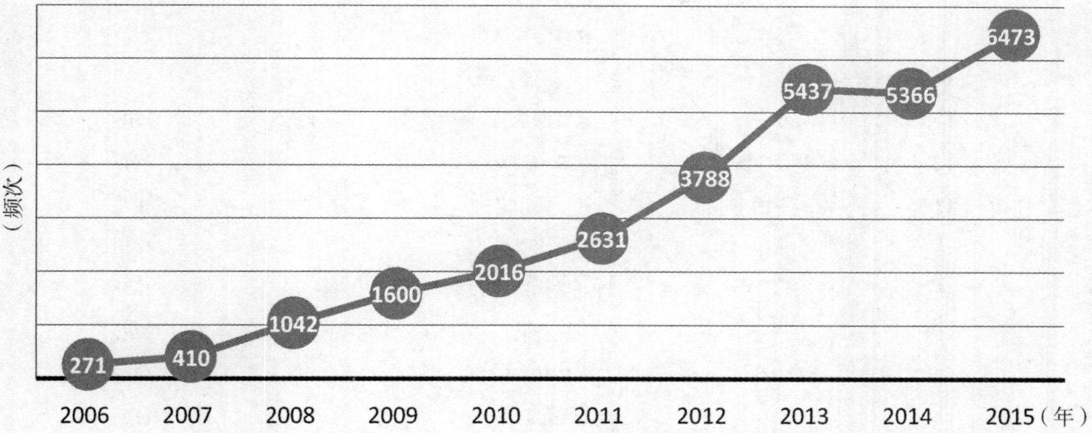

图5 2006—2015年“森林防火”信息量变化示意图

进一步对“森林防火”深入挖掘，发现与之相关的关键词几乎涵盖了森林防火工作的主要元素，同时也体现出森林防火的特殊性和专业性，“森林防火指挥部”作为排序靠前的高频词，表明防火必须要建立强有力的指挥中心才能完成特殊任务。森林防火是由“森林防火指挥部”“森林防火办公室”“林业主管部门”等负责组织工作，实行分管领导负责制及行政首长负责制。参与的组织和个人包括“护林员”“扑火队”“森林公安局”“指挥部成员单位”“干部职工”“武警森林部队”“应急分队”“森防总站”“航空护林总站”。防火类型分“春季森林防火”“秋冬季森林防火”“森林草原防火”“夏季森林防火”。为了做好防火工作，需要进行“森林防火形势”“森林火险等级”火患分析与预报，实行“森林防火戒严令”“巡山守卡”，开展“森林防火宣传月”，做好“森林防火基本建设”“森林防火物资储备”，建设“森林防火林带”。一旦发生火灾，做好“应急救援”，主要使用“风力灭火机”来灭火等。近几年，也发生过一些重大火灾，“甘孜”作为关键词能排到前列，表明四川甘孜州森林火灾造成了较大的影响（表7）。

表7 2005—2016年“森林防火”相关关键词排名

排名	关键词	频次
1	森林火灾	18 748
2	森林防火指挥部	7550
3	森林火险	3513
4	森林资源	3196
5	森林消防	2473

（续）

排名	关键词	频次
6	森防指	2325
7	护林员	2259
8	安排部署	1981
9	森林防火形势	1929
10	防控	1867
11	贯彻落实	1804
12	森林公安	1747
13	巡山	1678
14	春季森林防火	1510
15	防火指挥部办公室	1333
16	春防	1293
17	森林防火知识	1279
18	扑火队	1124
19	森林公安局	1116
20	国有林场	1104

1.4.3 野生动植物

野生动植物保护和管理工作是林业行业的一项重要职能，2006—2015 年，关键词“野生动物”排名一直排在前 10 位（图 6）。

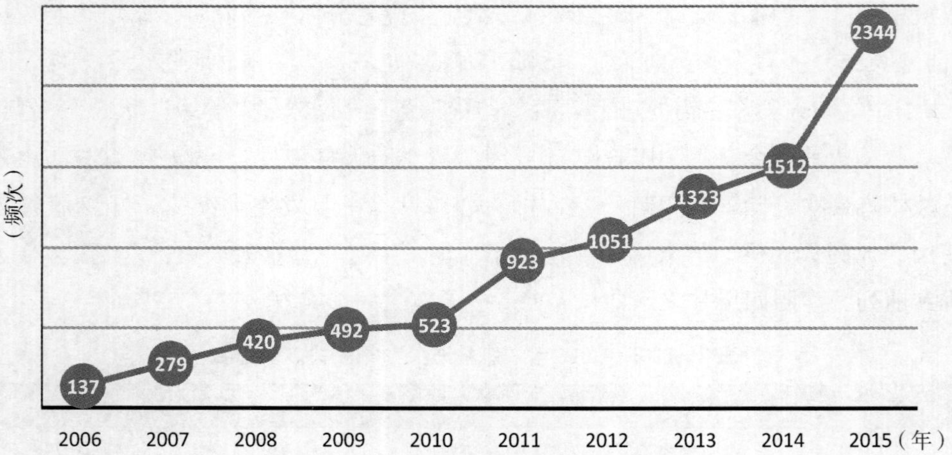

图 6　2006—2015 年“野生动植物”信息量变化图

由于地理环境等因素影响，各地区对野生动植物保护工作关注度不同。关注度高的地区主要分布在中西部地区（包括湖北、四川、新疆、重庆），广西及东北地区（包括黑龙江、吉林森工）、内蒙古等。其中，湖北关注程度最高，四川、新疆、重庆具有较高的关

注（图7）。

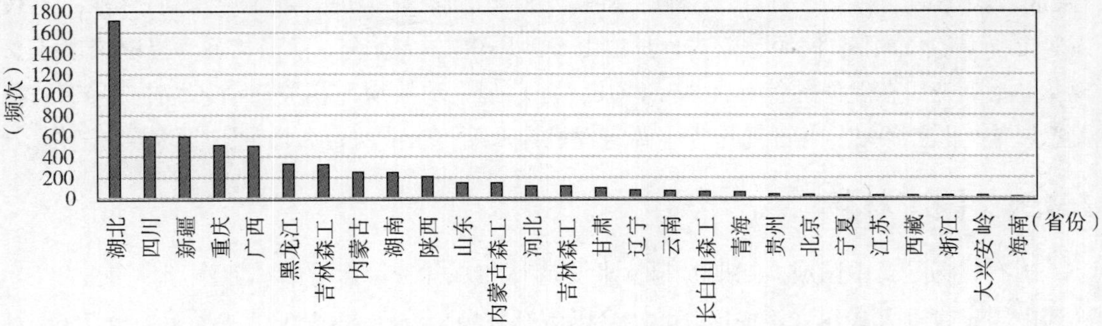

图7 各地区对“野生动植物”保护关注度示意图

进一步分析“野生动植物”关键词，发现其跟“濒危物种”“自然保护区”“违法犯罪”“法律法规”等关键词有很紧密的联系，这反映了野生动植物保护工作的现状和特点。关键词多次出现了“法律法规”，表明法律法规是野生动植物保护的关键（表8）。

同时，需要搞好野生动物栖息地建设，“国家级自然保护区”“省级自然保护区”“湿地公园”等是野生动物重要的栖息场所。

表8 “野生动植物”相关关键词排名及频次

排名	“野生动植物”相关关键词排名	频次
1	濒危野生	597
2	濒危野生动植物	486
3	保护协会	474
4	国家级自然保护区	473
5	濒危物种	452
6	国家濒管	423
7	野生植物	404
8	行政许可	309
9	世界野生动植物	306
10	主管部门	294
11	生态文明	269
12	违法犯罪	265
13	允许进出口证明书	250
14	生物多样性	220
15	国家级自然保护区管理局	219
16	专项行动	217
17	法律法规	216
18	防控	197
19	陆生野生	193

通过对与“濒危”相关的标题做进一步分析，发现有山东、浙江、四川、西藏、湖

北、河北、辽宁、福建、深圳、内蒙古、江西、吉林、海南等13个省（区、市）涉及到“濒危”关键词。襄樊、黄石、恩施、黄冈、竹溪、保康、宜昌、武汉、郧西、沙洋、兴山等市（县），竹山、河源、资兴、长白山等地区也与“濒危”紧密相关。提取结果还发现，马来西亚、荷兰海牙等其他国家涉及“濒危野生动植物”相关活动；“林业局”“海关总署”“北京海关”等部门作为主要管理机构从事打击非法走私濒危野生动植物工作。

1.4.4 国有林场

国有林场是新中国成立初期专门从事营造林和森林资源保护的林业生产性事业单位，起初由国家投资方式建立。根据统计，全国国有林场总数已达4855个，经营面积7668万hm^2，占我国国土面积的8%，其中森林面积4467万hm^2，森林蓄积量23.4亿m^3，分别占全国森林面积和森林总蓄积量的23%和17%。

关键词“国有林场”从2008年开始一直处在高频词前10位，2006年，有126个文档提到国有林场，到2015年，增长到3028个，年均增长42.12%。2015年，“国有林场”相关信息量突增，反映了自2015年年初中共中央、国务院印发《国有林场改革方案》和《国有林区改革指导意见》后，各级政府部门已将国有林场改革作为重点工作。

1.4.4.1 “国有林场”关注度分析

进一步分析“国有林场”相关的关键词（图8），发现国有林场得到了各级部门的高度重视，国有林场是“森林资源”的主要载体，对维护“国家生态安全”、构建“生态屏障”、“建设生态文明”具有重要的作用。国有林场的主要工作包括“基础设施建设”“林木种苗”“森林抚育”“森林防火”“林场危旧房改造”，安置“富余职工”、搞好“森林旅游”、培育“珍贵树种”、提高“森林蓄积量”、强化“林木良种基地建设”、推进“林浆纸”项目。国有林场众多，有“高峰林场”“桦木沟林场”“竹溪县国有林场”等一批具有代表性的国有林场，也有很多“国有贫困林场”，“国有林场改革”是各级林业主管部门的工作重点（表9）。

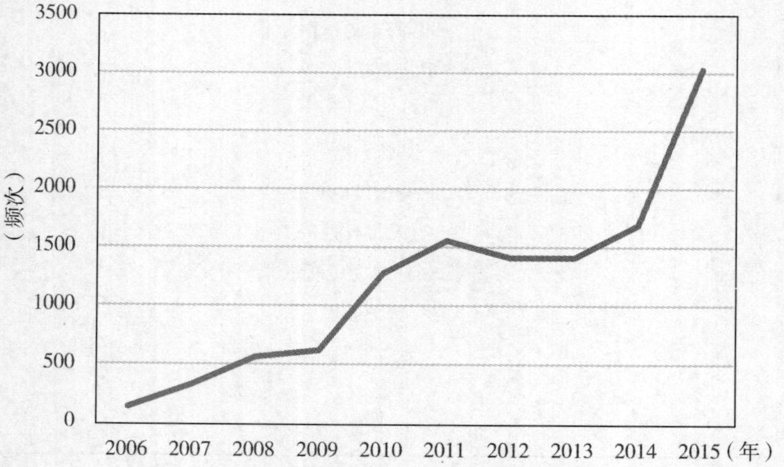

图8 2006—2015年“国有林场”信息量变化情况

表 9 2006—2015 年“国有林场”相关关键词

排名	“国有林场”相关关键词排名	频次
1	国有林场改革	3902
2	森林资源	3065
3	危旧房改造	1974
4	国有林区	1799
5	林场危旧房改造	1443
6	国有林场危旧房	1408
7	基础设施	1046
8	国有林区改革	773
9	主管部门	709
10	事业单位	695
11	森林防火	658
12	基础设施建设	584
13	森林公园	574
14	林业主管部门	457
15	全省国有林场	406
16	生态文明	389
17	领导小组	340
18	森林旅游	333
19	干部职工	328
20	国有林场管理局	300

1.4.4.2 “国有林场”政策关注度分析

对“国有林场”相关的政策进一步梳理，其中国家层面对国有林场的主要政策文件包括：中共中央、国务院印发《国有林场改革方案》《国有林区改革指导意见》《国有林场管理办法》和《国有林场改革试点验收办法》；国家林业局关于印发《国有林场备案办法》的通知；国家发展改革委员会办公厅、国家林业局办公室关于印发《国有林场改革方案》和《国有林区改革指导意见》重点工作分工的通知。各地针对国有林场工作发布了相关政策，如新疆、黑龙江、广西等省份发布较多通知、细则、办法等（表 10）。

表 10 “国有林场”相关文件

发布地区(单位)	主题	年份
国家林业局	关于明确国有林场和林木种苗工作总站代局开展林木种苗行政执法工作的通知（林人发［2002］112 号）	2002
	关于加强国有林场林地管理的通知	2004
	关于受理忠县天池国有林场设立国家级森林公园申请的公示	2007
	关于受理湖南省洪江市雪峰山国有林场设立国家级森林公园申请的公示	2007
	关于受理桃江县桃花江国有林场设立国家级森林公园申请的公示	2007
	关于受理河北省木兰围场国有林场管理局设立国家级森林公园申请的公示	2007
	关于印发《社会主义现代国有林场建设标准及指标体系参考提要》的通知	2008
	关于加强国有林场灾后恢复重建工作的通知	2008
	国家林业局计资司关于开展重点国有森工企业和国有林场职工社会保障等情况调查的通知	2008
	国家林业局办公室关于协调将国有林场饮水安全纳入全国农村饮水安全工程规划的通知	2009
	关于公布首批森林经营示范国有林场的通知	2009
	关于印发《国有林场管理办法》的通知	2011
	关于加强国有林场森林资源管理保障国有林场改革顺利进行的意见	2012
	关于颁布《森林生态站工程项目建设标准》和《国有林场基础设施建设标准》的通知	2013
	关于印发《国有林场备案办法》的通知	2015
	人力资源社会保障部 国家林业局 关于印发《关于国有林场岗位设置管理的指导意见》的通知	2015
	国家发展改革委办公厅 国家林业局办公室 关于印发《国有林场改革方案》和《国有林区改革指导意见》重点工作分工的通知	2015
吉林	林业厅关于贯彻落实《国有林场管理办法》的通知	2012
重庆	关于进一步核实并报送“天保”工程国有林场及其他国有林业单位有关数据的通知	2009
甘肃	林业厅关于将北山林场纳入全省国有林场序列管理的批复	2015
	林业厅关于将平凉市关山林业管理局红崖山等 8 个林场纳入全省国有林场序列管理的批复	2015
广西	关于做好国有林场基本情况调查的通知	2013
	关于印发《自治区直属国有林场科学发展考核办法实施细则》的通知	2014
	转发国家林业局国有林场和林木种苗工作总站关于“开展国有苗圃改革和保障性苗圃建设专题调研”的通知	2014
	关于印发《自治区直属国有林场科学发展考核办法实施细则（2014 年修订版）》的通知	2014
	关于印发《全面提升自治区直属国有林场林地综合生产力工作方案》的通知	2014
	关于印发《自治区直属国有林场经营性事项管理办法（试行）》的通知	2015
	关于成立自治区直属国有林场科学发展考核工作领导小组的通知	2015
河北	林业厅办公室关于举办省级以上自然保护区、森林公园、国有林场、种苗基地网站管理培训的通知	2013
黑龙江	关于进一步做好国有林场和森林公园抗冰救灾工作的通知	2008
	关于印发《湖南省国有林场和森林公园二〇〇八年工作要点》的通知	2008
	关于加强国有林场森林采伐更新调查设计审批管理的通知	2010
	关于全省国有林场危旧房改造开工情况的通报	2011

（续）

发布地区(单位)	主题	年份
黑龙江	关于印发《黑龙江省国有林场危旧房监督检查工作方案》的通知	2011
	关于录入2010年度国有林场数据库数据的通知	2011
	林业厅办公室关于全面加强当前国有林场安全生产工作的通知	2015
湖南	湖南省人民政府办公厅关于成立湖南省国有林场改革领导小组的通知	2013
江苏	江苏省人民政府审议通过《关于推进国有林场改革的实施意见》	2016
辽宁	辽宁省人民政府办公厅关于成立辽宁省国有林场改革工作领导小组的通知	2015
内蒙古	关于开展国有林场棚户区（危旧房）改造工程专项调研的通知	2011
	关于进一步加快国有林场棚户区（危旧房）改造工程实施进度的紧急通知	2011
	林业厅办公室关于举办国有林场改革专题辅导班的通知	2015
新疆	关于报送国有林场基本情况的通知	2008
	关于开展国有林场职工最低生活保障情况调研的通知	2008
	转发国家林业局、国家发展改革委、住房城乡建设部三部委《关于做好国有林场危旧房改造有关工作的通知》的通知	2009
	关于下达国有林场（站）2010年危旧房改造建设任务的通知	2010
	关于对我区2010—2011年国有林场（站）扶贫项目进行竣工验收的通知	2010
	关于进一步加快我区国有林场（站）危旧房改造工程建设的通知	2011
	关于上报国有林场（站）数据库的通知	2011
	关于上报“十二五”贫困国有林场（站）扶贫实施规划的通知	2011
	关于上报国有林场（站）和公益林县（或单位）管护所站用电及饮水情况的通知	2011
	关于开展自治区乡（镇、村庄）（牧民定居区、国有林场场址）绿化调研工作的通知	2012
	关于巴州国有林场（站）2012年危旧房改造实施方案的批复	2012
	关于吐鲁番地区国有林场（站）2012年危旧房改造实施方案的批复	2012
	关于认真落实《国有林场管理办法》的通知	2012
	关于转发《国家林业局关于印发<国有林场管理办法>的通知》的通知	2012
	关于印发《尼加提·马合木提在自治区林业厅直属国有林场体制改革工作会议结束时的讲话》的通知	2012
	关于印发《自治区林业厅直属国有林场体制改革工作实施方案》的通知	2012
	关于开展国有林场岗位设置情况调查的通知	2012
	关于哈密地区国有林场（站）2013年危旧房改造实施方案的批复	2013
新疆	关于征求《自治区林业厅实施<国有林场管理办法>的补充规定》意见的通知	2013
	关于举办国有林场（局、站）场长培训班的通知	2013
	关于上报国有林场（站）2013年危旧房改造实施方案的通知	2013
	关于开展对厅原直属国有林场职工身份进行认定工作的通知	2013
	关于开展国有林场基本情况调查的通知	2013
	关于各地（州）对2013年贫困国有林场扶贫项目实施方案进行审查的通知	2013
	关于印发《自治区林业厅实施<国有林场管理办法>的补充规定》的通知	2013

（续）

发布地区	主题	年份
新疆	关于举办国有林场场长培训班的通知	2014
	关于成立新疆维吾尔自治区林业厅国有林场和国有林区改革工作领导小组的通知	2015
	关于学习传达自治区国有林场和国有林区改革工作电视电话会议精神的通知	2015
	关于举办新疆国有林场和公益林管理培训班的通知	2015
浙江	关于深入贯彻省人民政府32号文件精神切实加强国有林场建设管理的通知	2014
	关于印发浙江省国有林场基础设施建设实施意见的通知	2014

1.4.5 林业有害生物

林业有害生物指的是对林木造成伤害的植物、动物或病原体的种、株（或品系）、生物型，包括虫害、病害、鼠（兔）害、有害植物。

关键词“林业有害生物”自2006年开始，一直排在林业行业高频词前10位。相关的信息量不断上升，从2006年的59次上升到2015年的2284次。自2006年至2015年的10年期间，年均增长率达到50.12%（图9）。

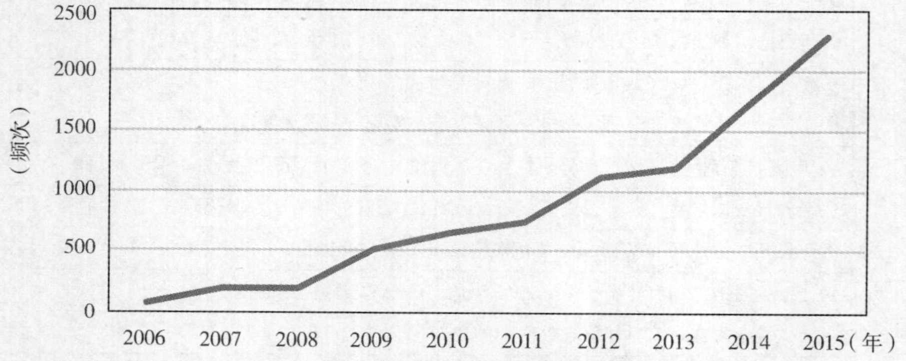

图9 2006—2015年“林业有害生物”信息量变化

进一步分析，关注度最高的林业有害生物是“松材线虫”，在所有文档中，出现频次达到7422次，据统计，松材线虫 *Bursaphelenchu xylophilus*（Steiner & Buhrer）Nickle已经成为世界上重要的检疫对象和我国有史以来危害最为严重的林业外来有害生物。此外“春尺蠖”“薇甘菊”“蜀柏毒蛾”“黄斑星天牛”也榜上有名。为此，各级林业部门采取“飞机防治”“施药”等措施，通过“检疫执法”“联防联治”“调运检疫”等手段，防止林业有害生物扩散蔓延（表11）。

对林业有害生物的关注也呈现明显的地域特征，新疆、重庆、四川、湖北、黑龙江的关注度最高，5个地区加起来占全国的71.17%。其中，新疆对林业有害生物关注度最高，在1406个文档中提到了“林业有害生物”，占比达21.38%（图10）。

表 11 2006—2015 年“林业有害生物”相关关键词及频次

排名	关键词	频次
1	防控	5973
2	国家林业局	1975
3	松材线虫（病）	1906
4	发生面积	1237
5	监测预报	1033
6	植物检疫	993
7	有害生物灾害	913
8	检疫执法	826
9	贯彻落实	710
10	监测预警	670
11	森林病虫害	568
12	飞防	554
13	飞机防治	513
14	社会化防治	469
15	联防联治	448
16	食叶害虫	436
17	林业植物检疫	417
18	防治作业	406
19	森林病虫害防治	387
20	无公害防治	357

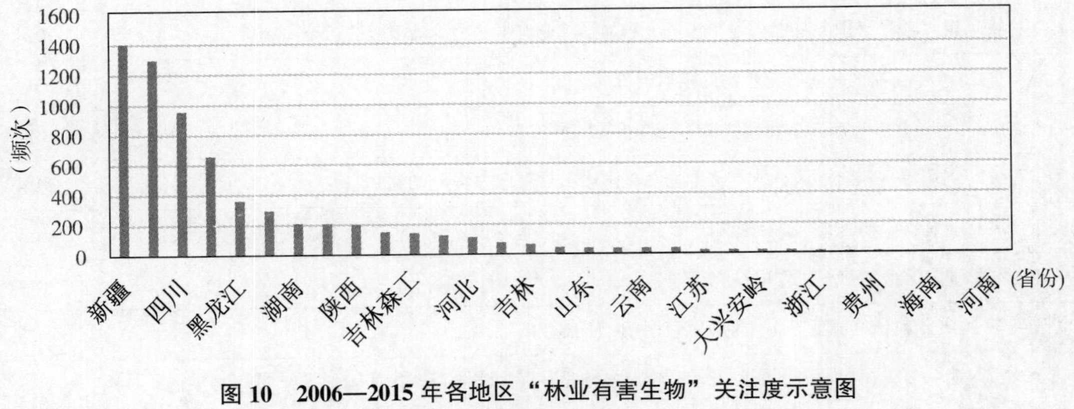

图 10 2006—2015 年各地区“林业有害生物”关注度示意图

是什么导致新疆、四川等地区对林业有害生物关注度高？新疆自 2008 年开始，共发布了 27 项关于林业有害生物相关的通知、意见、精神、要求等政府文件，2015 年度就有 10 个相关文件。2010 年，新疆维吾尔自治区人民政府出台《关于加强林业有害生物防控工作的意见》，意见提出，力争到 2015 年新疆林业有害生物灾害预测预报准确率达到 85%

以上，种苗产地检验率达到100%，苗木调运检疫率达到90%以上，无公害防治率达到90%以上，林业有害生物成灾率控制在0.3%以下。从2011年起，新疆特色林果有害生物防控经费由每年1200万元增加到1700万元，防治补助费由每年500万元增加到1000万元。2014年，新疆林业厅关于印发《新疆维吾尔自治区林业有害生物飞机防治项目管理办法》的通知。由此可看出，随着新疆以林果产业为代表的经济林种植面积的不断增长，有害生物防治任务量也随之加大。新疆主要是春尺蠖虫害，其不光对经济林造成危害，也对当地几百万株的胡杨林和防护林造成很大危害，地方的特性决定了“飞防”为病虫害防治的主要方式（表12）。

表12　新疆关于林业有害生物相关文件

发文标题	年份
关于做好秋冬季林业有害生物预防工作的通知	2008
关于切实加强林业有害生物防治目标管理工作的通知	2009
新疆维吾尔自治区人民政府出台《关于加强林业有害生物防控工作的意见》	2010
乌鲁木齐市出台《关于进一步加强林业有害生物防控工作意见》	2011
新疆维吾尔自治区林业厅就贯彻落实自治区人民政府《关于加强林业有害生物防控工作的意见》提出七点要求	2011
关于对2011年林业有害生物防控体系建设和防控项目进行检查验收的通知	2011
关于做好2012年度自治区林业有害生物防控目标管理年终考核工作的通知	2012
关于表彰2012年度自治区林业有害生物防控目标管理优秀单位、林业有害生物防控工作先进集体及先进个人的决定	2012
关于设立新疆维吾尔自治区天山东部国有林管理局林业有害生物防治检疫站的通知	2013
关于开展2013年度自治区林业有害生物防控目标管理考核自查工作的通知	2013
新疆林检局组织学习《国务院办公厅关于进一步加强林业有害生物防治工作的意见》精神	2014
关于举办2014年自治区林业有害生物测报培训班的通知	2014
关于2014年自治区林业有害生物飞机防治工作情况的通报	2014
关于印发《新疆维吾尔自治区林业有害生物飞机防治项目管理办法》的通知	2014
关于开展林业有害生物普查工作的通知	2014
关于开展林业有害生物普查工作的补充通知	2014
关于召开2015年自治区林业有害生物防控工作会议的通知	2015
关于实行《自治区人民政府办公厅关于进一步加强林业有害生物防控工作实施意见》贯彻落实情况月报制度的通知	2015
关于公布第三批自治区投建的林业有害生物测报站点主测对象名单的通知	2015
关于加强自治区林业有害生物测报专员管理工作的通知	2015
关于下达2015年林业有害生物防控体系基础设施建设项目中央预算内投资计划的通知	2015

（续）

发文标题	年份
关于 2015 年自治区林业有害生物飞机防治工作情况的通报	2015
关于开展自治区 2015 年林业有害生物防控目标管理考核工作的通知	2015
关于召开自治区林业有害生物 2015 年发生情况及 2016 年发生趋势分析会商会的通知	2015
关于 2015 年度自治区林业有害生物防控“双线”目标管理考核结果的通报	2015
关于进一步加强林业有害生物防控工作的实施意见	2015

进一步分析四川省林业有害生物相关文档，发现“松材线虫”“松褐天牛”“蜀柏毒蛾”是主要被关注的林业有害生物。政府部门工作主要集中在“检疫”“培训”“普查”“防治”等方面。2015 年，四川省人民政府出台《关于进一步加强林业有害生物防治工作的实施意见》，意见强调，各级政府要把林业有害生物普查、监测预报、植物检疫、疫情除治和防治基础设施建设等资金纳入财政预算，逐步加大资金投入。实行各级人民政府行政首长负责制，将林业有害生物防治人才队伍建设、工作经费预算、成灾率、重大林业有害生物防治目标完成情况列入政府目标考核体系（图 11）。

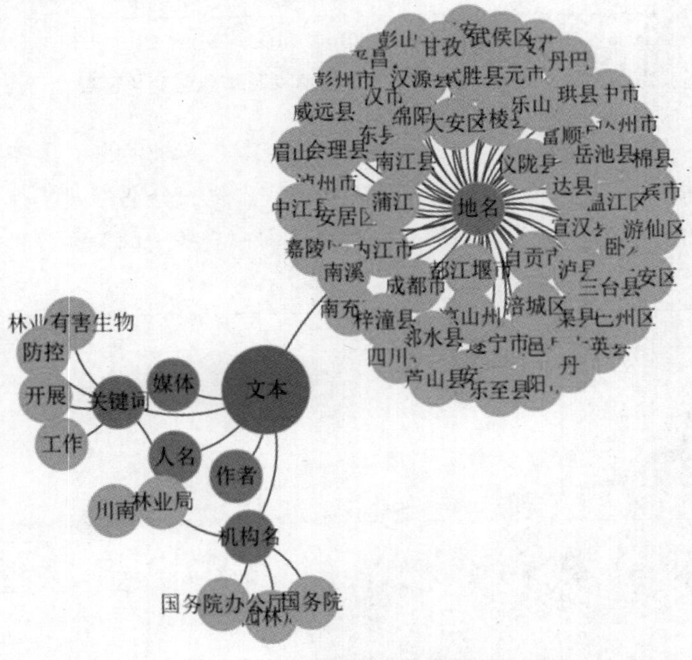

图 11　政府目标考核体系图

1.4.6　集体林权

集体林权是指集体经济组织及其全体成员对森林、林木、林地等森林资源的所有权、使用权和林地承包经营权。为充分解放林业生产力，彻底解决原有集体林权制度存在的产权主体模糊、权责利不清、收益权不落实等瓶颈问题，2008 年 6 月，我国开始全面推进以

“明确所有权，放活经营权，落实处置权，确保收益权”为目的的集体林权制度改革，这次改革被称为农村第二次“土地革命”，对促进我国农村经济发展、提高林业生产力、解决“三农”问题具有重大意义。

2006—2011年间，“集体林权”连续6年排在前10位，但是“集体林权”信息量变化情况与上述其他十大高频词变化情况有显著差异。2010年前，对“集体林权”的关注每年处于上升态势，2010年达到高峰，之后逐年下降，2015年又有所增长。不难看出，2008年，中共中央 国务院《关于全面推进集体林权制度改革的意见》的出台是推动“集体林权”信息量达到峰值的关键（图12）。

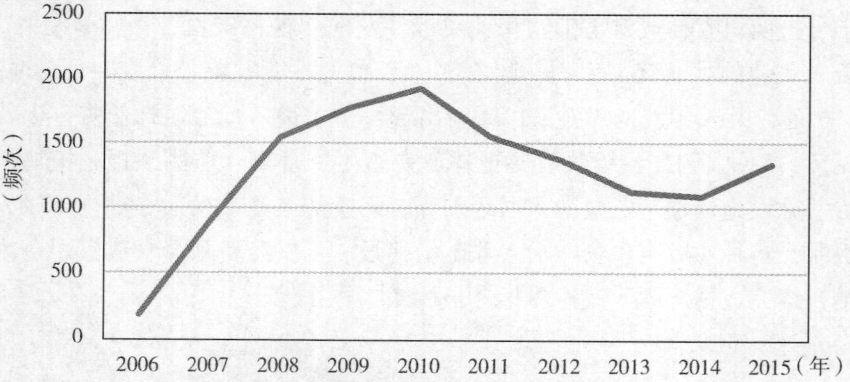

图12　2006—2015年“集体林权”信息量变化情况

不同地区对“集体林权”关注程度不尽相同。其中，湖北的“集体林权”信息量最大，占“集体林权”信息量的31. 23%；四川和重庆次之，分别占“集体林权”信息量的11. 46%和10. 60%；新疆、内蒙古、河北、辽宁等省也有较大的关注（图13）。

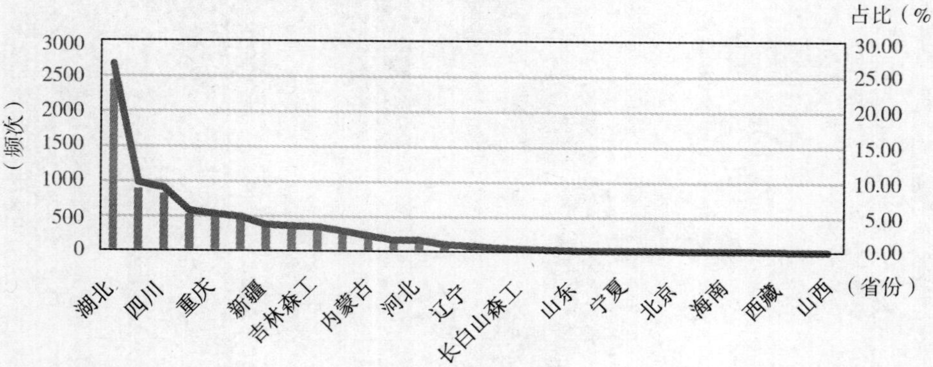

图13　2006—2015年各地区“集体林权”关注度示意图

进一步挖掘“集体林权”相关关键词，“主体改革”“配套改革”分列前两位，反映了我国集体林权改革的主要内容，集体林权制度改革分为主体改革和配套改革。主体改革的内容是分山到户，确定林农对于林地的使用权、经营权和林木的所有权。配套改革包括林权抵押贷款、林业保险、林业合作组织建立和发展等等。这次改革的实质是将集体所有的林地分配到林农个人，让林农获得林地的经营自主权。提取“主体改革”相关的文档，发现焦点主要集中在“林权登记”“检查验收”“确权”“纠纷调处”“勘界”等方面。而对“配套改革”，焦点则集中在“林权抵押”“林业要素市场”“生态效益补偿”“林业专业合作社”“林地流转”等方面。

“确权”是在集体林改过程中被大量使用的关键词，与“确权”高度相关的关键词包括“确权登记”“确权办证”“林地所有权”“森林保险”“登记造册”“山林权属”等。在《鄂州市林权确权登记发证管理办法（试行）》中，明确了林权登记发证的内容包括林地所有权、林地使用权、森林林木所有权和森林林木使用权 4 种，林权登记类型包括初始登记、变更登记和注销登记 3 类；规范了林地所有权、林地使用权以及农村土地流转涉林确权登记的申请登记、变更登记和注销登记应提交的文件资料和办理程序。

“林权抵押”是作为配套改革的主要内容之一，受到各级林业部门高度关注。林权抵押贷款指以森林、林木的所有权（或使用权）、林地的使用权，作为抵押物向金融机构借款。通过分析发现“林权抵押”跟“林权证”“生态文明建设”“金融机构”“森林景观资源”“林业产业”“贷款金额”“林农”“抵押率”“流转”“专业合作社”“贷款风险”“评估”等关键词高度相关（表 13）。

表 13　2006—2015 年“集体林权”相关关键词排名

排名	关键词	频次	占前 20 位比例（%）
1	主体改革	2463	9.33
2	配套改革	2310	8.75
3	森林资源	2281	8.65
4	确权	1899	7.20
5	抵押贷款	1761	6.67
6	深化集体林	1595	6.05
7	林权抵押	1521	5.76
8	领导小组	1480	5.61
9	权抵押贷款	1381	5.23
10	明晰产权	1347	5.11
11	检查验收	1057	4.01
12	勘界	996	3.77
13	贯彻落实	961	3.64
14	林权	894	3.39
15	林权登记	783	2.97
16	森林保险	770	2.92
17	家庭承包	769	2.91
18	纠纷调处	733	2.78
19	专业合作社	728	2.76
20	集体经济组织	656	2.49

2007年以来，林业行业内相关“集体林权”的发文及转载达到142个。表14抽取了部分关于集体林权改革的发文，中共中央、国务院、财政部、中国人民银行、国家档案局、国家林业局、各省（自治区、直辖市）人民政府、各级林业部门都下发过相关文件。

表14 2007—2015年“集体林权”相关文件目录

序号	文件名称
1	中共中央 国务院关于全面推进集体林权制度改革的意见
2	中国人民银行 财政部 银监会 保监会 国家林业局关于做好集体林权制度改革与林业发展金融服务工作的指导意见
3	国家林业局 国家工商行政管理总局关于印发集体林地承包和集体林权流转合同示范文本的通知
4	国家林业局办公室关于启用国家林业局集体林权制度改革管理办公室公章的通知
5	国家林业局办公室关于印发《集体林权制度改革突发事件应急预案》的通知
6	国家林业局关于加强集体林权制度改革宣传的通知
7	国家林业局关于进一步加强集体林权流转管理工作的通知
8	国家林业局关于切实加强集体林权流转管理工作的意见
9	北京市人民政府关于推进集体林权制度改革的意见
10	甘肃省出台《关于促进集体林权制度综合配套改革和林下经济发展若干政策措施的意见》
11	甘肃省集体林权制度改革领导小组办公室关于开展制定集体林权制度综合配套改革工作方案和编制林下经济发展规划前期调研工作的通知
12	甘肃省集体林权制度改革领导小组办公室关于贯彻落实省委省政府领导重要批示精神 加大力度推进全省林权抵押贷款工作的通知
13	甘肃省集体林权制度改革领导小组办公室关于加强县、乡林业综合管理服务机构建设的通知
14	甘肃省集体林权制度改革领导小组办公室关于学习贯彻省委王三运书记有关集体林权制度改革重要讲话精神进一步加快推进综合配套改革工作的通知
15	甘肃省集体林权制度改革领导小组办公室关于制定集体林权制度综合配套改革工作方案和林下经济发展规划的通知
16	甘肃省集体林权制度改革领导小组办公室印发《关于林下经济含义及统计指标的解释和说明》的通知
17	甘肃省集体林权制度改革领导小组关于表彰奖励全省集体林权制度主体改革工作先进县的决定
18	甘肃省集体林权制度改革领导小组关于印发《甘肃省全面推进集体林权制度综合配套改革工作方案》的通知
19	甘肃省集体林权制度改革领导小组关于印发《甘肃省集体林权制度主体改革检查验收工作方案》的通知
20	甘肃省林业厅 甘肃省档案局关于印发《甘肃省集体林权制度改革档案管理办法》的通知
21	甘肃省林业厅关于对《甘肃省集体林权流转管理暂行办法》个别条款进行修订的通知
22	甘肃省林业厅关于进一步加强集体林权流转管理工作的通知
23	甘肃省林业厅关于修订印发《甘肃省集体林权流转管理暂行办法》的通知
24	甘肃省人民政府办公厅关于加强林权纠纷处理 促进集体林权制度改革的指导意见
25	甘肃省人民政府办公厅转发省林业厅等部门《关于促进集体林权制度综合配套改革和林下经济发展若干政策措施的意见》的通知
26	关于全面做好甘肃省集体林权制度改革和林业发展金融服务工作的实施意见
27	关于印发《甘肃省集体林权制度改革统计报表》的通知

（续）

序号	文件名称
28	关于印发《湖南省集体林权制度改革试点指导方案》的通知
29	关于印发《新疆维吾尔自治区集体林权流转管理暂行办法》的通知
30	关于印发《广西壮族自治区 2011 年集体林权制度改革工作要点》的通知
31	关于印发《广西壮族自治区 2012 年集体林权制度改革工作要点》的通知
32	关于印发《内蒙古自治区贯彻落实全国集体林权制度改革专题宣传工作会议精神工作方案》的通知
33	关于印发内蒙古自治区推进集体林权制度改革宣传活动方案的通知
34	河北省出台《关于推进集体林权制度配套改革的意见》
35	河南省人民政府关于深化集体林权制度改革的意见
36	湖南省关于深化集体林权制度改革的意见
37	吉林省林业厅关于进一步规范集体林权登记发证工作的通知
38	吉林省林业厅关于扎实推进集体林权制度配套改革的指导意见
39	青海省颁发关于全面推进集体林权制度改革的意见
40	青海省林业厅关于印发《青海省集体林权流转管理办法（试行）》的通知
41	山西省出台关于开展集体林权制度改革的意见
42	山西省关于深化集体林权制度改革的实施意见
43	陕西省关于推进集体林权制度改革的意见
44	四川省林业厅关于印发《四川省集体林权勘界操作办法》的通知
45	四川省林业厅关于印发《四川省集体林权流转管理办法》的通知
46	云南省关于稳步推进集体林权制度改革的意见
47	中共甘肃省委 甘肃省人民政府关于贯彻落实《中共中央国务院关于全面推进集体林权制度改革的意见》的实施意见
48	中共甘肃省委办公厅 甘肃省人民政府办公厅关于全面推进全省集体林权制度综合配套改革的意见
49	中共甘肃省委办公厅 甘肃省人民政府办公厅关于印发《甘肃省全面推进集体林权制度改革工作方案》的通知
50	中共广西壮族自治区委员会 广西壮族自治区人民政府关于全面推进集体林权制度改革的实施意见

1.4.7 森林公园

森林公园是以大面积人工林或天然林为主体而建设的公园。天然公园保有自然景观，而森林公园除保护森林景色自然特征外，另根据造园要求适当加以整顿布置。森林公园内的森林，普遍只采用抚育采伐和林分改造等措施，不进行砍伐。森林公园可以开展森林旅游与喜悦休闲，是按法定程序申报批准的森林地域。森林公园是经过修整可供短期自由休假的森林，或是经过逐渐改造使其形成一定的景观系统的森林。森林公园分为国家森林公园、省级森林公园和市（县）级森林公园等 3 级。到 2015 年底，全国共建立森林公园 3234 处，规划总面积 1801.71 万 hm^2。其中，国家级森林公园 826 处、国家级森林旅游区 1 处，面积 1251.06 万 hm^2；省级森林公园 1402 处，县（市）级森林公园 1005 处。

“森林公园” 自 2006 至 2013 年均排在高频词前 10 位，2013 年后跌出前 10 名，但是关注信息量一直处于上升状态，年均增长达到 38. 23%（图 14）。

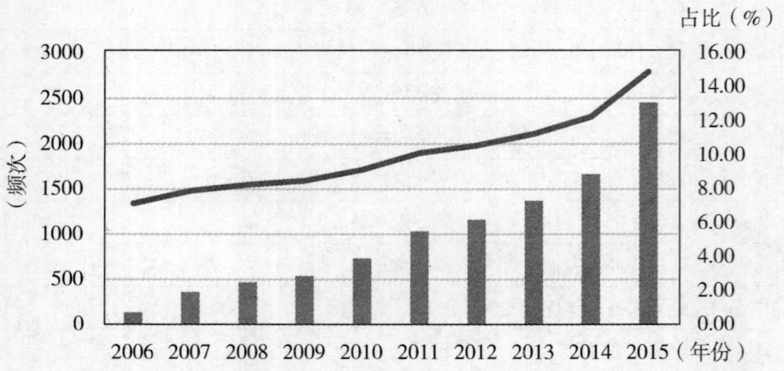

图 14　2006—2015 年“森林公园”信息量变化情况

湖北对“森林公园”关注度最高，在总信息量中占 18. 83%，到 2015 年，湖北共有 37 处国家级森林公园。重庆、四川、广西等地对“森林公园”关注度排在前列，重庆有 26 处国家级森林公园，四川有 37 处，广西有 20 处（图 15）。

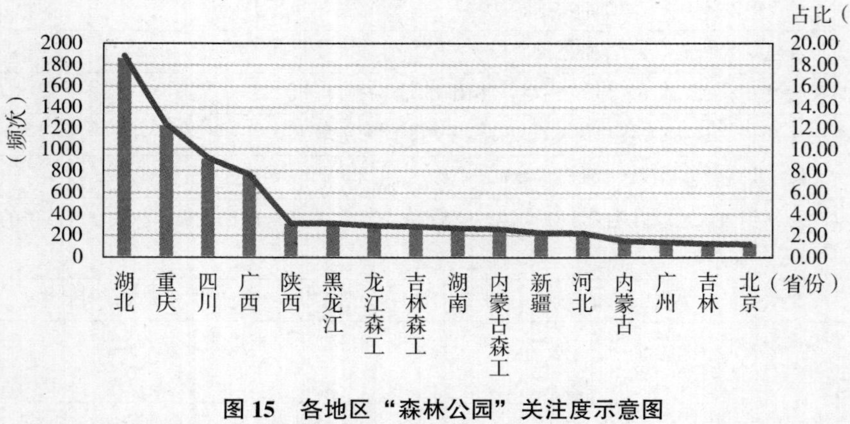

图 15　各地区“森林公园”关注度示意图

通过对“森林公园”进一步分析，“国家级森林公园”和“省级森林公园”受到关注度较高，森林公园属于“森林风景资源”，需要林业主管部门准予设立，森林公园的建立往往要总体规划、规划设计，作为森林公园“管理机构”，一方面要做好“基础设施建设”“森林防火”“防火隔离带”“巡山”工作，另一方面，森林公园是“风景名胜区”，是“自然文化遗产”，富含“空气负离子”，是担负着“弘扬生态文化”，实施“科普教育”的地方。同时，森林公园要考虑“旅游收入”及“免费开放”并举。一些森林公园，如“岘山国家森林公园”“马鞍山森林公园”“白山湖森林公园”等榜上有名。《中国绿色时报》经常报道关于森林公园的消息（表 15）。

表 15　“森林公园”相关关键词及排名

排名	关键词	频次	前 20 位占比（%）
1	国家级森林公园	2624	29.33
2	总体规划	1120	12.52
3	森林风景资源	995	11.12
4	生态文化	599	6.69
5	国有林场	420	4.69
6	省级森林公园	409	4.57
7	森林防火	390	4.36
8	准予设立	315	3.52
9	湿地公园	297	3.32
10	林业主管部门	243	2.72
11	教育基地	236	2.64
12	基础设施建设	200	2.24
13	行政许可决定	197	2.20
14	城郊森林公园	182	2.03
15	旅游收入	167	1.87
16	国家湿地公园	162	1.81
17	太子山	110	1.23
18	人文景观	108	1.21
19	野生动物	100	1.12
20	免费开放	73	0.82

相关森林公园的政府文件，占据最多的是关于准予（受理、不予）设立某某森林公园的行政许可决定。根据相关文件，国家林业局国有林场和林木种苗工作总站（即国家林业局森林公园管理办公室，以下简称“场圃总站”）承办国家级森林公园设立、撤销、合并、改变经营范围或者变更隶属关系行政许可事项。其中对拟设立国家级森林公园的区域位置、地理坐标、“四界”范围和经营面积等，用以证明申请人依法拥有对拟设立国家级森林公园范围内所有森林风景资源（包括森林资源、各类自然或人工的景观景物、设施、构筑物等）进行统一经营管理的权利的文字材料有较详细的规定。2006 年，国家林业局下发《中国国家森林公园专用标志使用暂行办法》，设定了“中国国家森林公园”（National Forest Park）名称、图形及其组合，在之后的相关文档中，出现诸如“国家林业局关于公布第六批获得中国国家森林公园专用标志使用授权的国家级森林公园名单的通知”等发文。

1.4.8　防沙治沙

防沙治沙，与之相关的是荒漠化和沙土化。1979 年在联合国世界荒漠会议上对这一概念定义如下：“荒漠化是干旱区、半干旱区和某些湿润地区生态系统的贫瘠化，是由于人类活动和干旱共同影响的结果。这些生态系统的变化过程可以用测定优势植物生产力的下降、生物量的变动、动植物区系的差异、土壤退化和对人类所增加的危害等等予以表达。”

它和“沙漠化”不同。沙漠化是在干旱、半干旱地区生态平衡遭到破坏而使绿色原野逐步变成类似沙漠的景观，其结果产生沙漠化的土地，也即出现沙丘分布。据统计，全国有荒漠化土地面积 261.16 万 km^2，占国土面积的 27.2%，沙化土地面积 172.12 万 km^2，占国土面积的 17.9%。

“防沙治沙”在 2006 和 2007 年排在行业内高频词前 10 位，之后淡出前 10 位置。由于荒漠化仅北京、天津、河北、山西、内蒙古、辽宁、吉林、山东、河南、海南、四川、云南、西藏、陕西、甘肃、青海、宁夏、新疆 18 个省（自治区、直辖市）有分布（图 16），其统计高频词能占据前 10 位实为特殊，表明行业对防沙治沙的重视。分析“防沙治沙”和“荒漠化”在统计中出现的频次，发现两者的相关性很高，因此，用其中一个关键词代表即可。

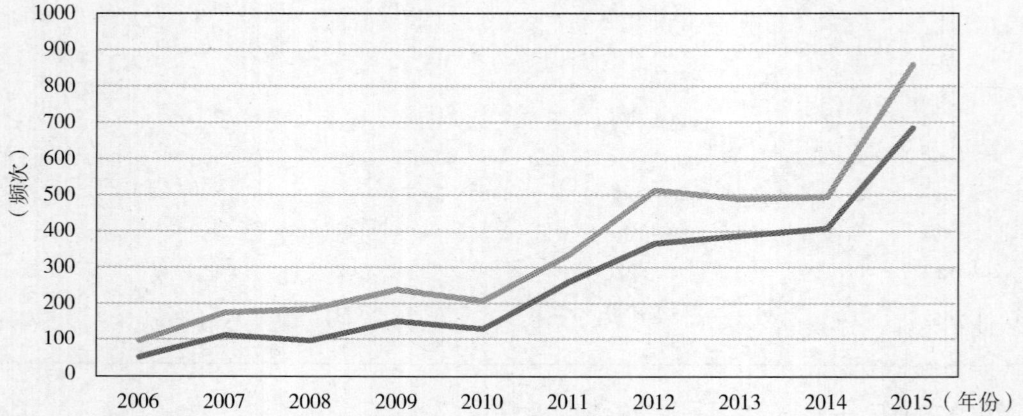

图 16　2006—2015 年“荒漠化”“防沙治沙”信息量变化情况

荒漠化导致“生态环境”恶化，影响“生态安全”，只有通过“防沙治沙”才能有效遏制荒漠化进程。在防止荒漠化方面，最重要的工程是“三北防护林”，荒漠化防治要依赖“科技支撑”，靠“人工造林”和“灌草”来固定“流动沙地”。防治荒漠化效果主要体现在“生态效益”上，同时，也可以构建“沙漠公园”来发展旅游业（表 16）。

表 16　2006—2015 年“防沙治沙”相关关键词及排名

排名	关键词	频次	前 20 位占比（%）
1	生态环境	479	18.44
2	生态安全	212	8.16
3	林草植被	164	6.31
4	人工造林	146	5.62
5	风沙危害	140	5.39
6	防风固沙林	140	5.39
7	水土流失	136	5.24
8	三北防护林	134	5.16
9	生态效益	115	4.43

（续）

排名	关键词	频次	前20位占比（%）
10	类型区	102	3.93
11	水土保持	101	3.89
12	灌草	96	3.70
13	沙障	95	3.66
14	流动沙地	94	3.62
15	沙漠公园	93	3.58
16	农民增收	83	3.20
17	石漠化	82	3.16
18	塔里木盆地	66	2.54
19	科技支撑	60	2.31
20	乔灌草	59	2.27

有关荒漠化防治主要的法律法规包括以下几种：1989年颁布《中华人民共和国环境保护法》；1994年10月14日签署《联合国防治荒漠化公约》，该公约旨在由各国政府共同制定国家级、次区域级和区域级行动方案，并与捐助方、地方社区和非政府组织合作，以应对荒漠化的挑战；2001年8月通过《中华人民共和国防沙治沙法》，中国防沙治沙工作从此纳入了法制化轨道；2005年颁布《国务院关于进一步加快防沙治沙工作的决定》；国务院2005年批复《全国防沙治沙规划（2005—2010年）》，到2010年，中国将治理沙化面积1300万 hm^2，封育保护372万 hm^2，预计土地沙化趋势将得到有效遏制。

对“沙漠化”相关的文档进行分析，列出表17。

表17 “防沙治沙”相关文件目录

文件名称	年份
国家林业局关于进一步加强京津风沙源治理工程区宜林荒山荒地造林的若干意见	2003
关于印发《全国荒漠化和沙化监测管理办法（试行）》的通知	2003
关于印发《京津风沙源治理工程年度检查验收办法（试行）》的通知	2003
关于认真贯彻执行《封山（沙）育林技术规程》的通知	2004
关于加快《京津风沙源治理工程区沙产业发展》的指导意见	2004
关于《建立健全重大沙尘暴灾害应急体系》的通知	2005
关于印发《全国防沙治沙规划》的通知	2005
国务院关于《进一步加强防沙治沙工作》的决定	2005
关于《加强全国防沙治沙综合示范区建设》的意见	2006
国家林业局关于商请提供《国务院关于进一步加强防沙治沙工作的决定》政策措施 贯彻落实情况的函	2006
国家林业局治沙办关于召开《防沙治沙现场经验交流暨防沙治沙综合示范区建设会议》的通知	2006

（续）

文件名称	年份
国家林业局关于《调整中国防治荒漠化协调小组成员》的通知	2006
青海省制定贯彻《国务院关于进一步加强防沙治沙工作的决定》的实施意见	2006
国家林业局关于印发《京津风沙源治理工程林分抚育和管护工作考核办法（试行）》的通知	2006
国家林业局防沙治沙办公室关于《确定并做好京津工程区新农村建设联系点》的通知	2006
国家林业局关于《京津风沙源治理工程人工造林有关标准问题》的通知	2006
国家林业局关于《进一步加强京津风沙源治理工程造林管理工作》的通知	2006
国家林业局关于《进一步加强京津风沙源治理工程林业建设》的通知	2006
关于《建立京津风沙源治理工程进展信息报告制度》的通知	2006
国家林业局关于《切实做好京津风沙源治理工程区林分抚育和管护工作》的通知	2006
国家林业局关于印发《抓好京津风沙源治理工程促进区域新农村建设的实施方案》的通知	2006
国家林业局关于《加快京津风沙源治理工程区沙产业发展》的指导意见	2006
国家林业局关于《认真做好当前沙尘暴灾害应急管理工作》的紧急通知	2007
国家林业局贾局长关于沙尘暴灾害应急工作的指示	2007
国家林业局关于深入学习贯彻全国防沙治沙大会精神切实推进防沙治沙工作的通知	2007
国家林业局防沙治沙办公室、宣传办公室关于做好防沙治沙宣传工作的通知	2007
河北省人民政府出台《关于进一步加强防沙治沙工作的决定》	2007
国家林业局关于切实制止破坏植被行为搞好沙区林草植被保护的紧急通知	2007
关于《准予设立章古台沙地国家级森林公园的行政许可》的决定	2007
国家林业局关于《开展第四次全国荒漠化和沙化监测工作》的通知	2008
国家林业局关于印发《京津风沙源损失面积核定办法》的通知	2008
国家林业局关于《建设生态文明与防沙治沙工作》的思考	2008
国家林业局治沙办再次集中学习《中共中央 国务院关于全面推进集体林权制度改革的意见》	2008
国家林业局防沙治沙办公室 宣传办公室关于《做好“世界防治荒漠化和干旱日”宣传工作》的通知	2008
国家林业局关于印发《京津风沙源治理工程区人工造林特大灾害损失面积核定办法（试行）》的通知	2008
国家林业局关于《进一步加快发展沙产业》的意见	2010
国家林业局关于《组织编制塔里木盆地周边和准噶尔盆地南缘防沙治沙工程县级建设规划和2010年年度作业设计》的通知	2010
国家林业局关于《做好防沙治沙宣传工作》的通知	2010
河北省林业局办公室关于印发“省人民政府曹振国副秘书长和省林业局王海洋局长在全省防沙治沙目标责任考核工作会议上讲话”的通知	2011
国家林业局防沙治沙办公室关于开展2012年荒漠化监测项目申报工作的通知	2011
甘肃省人民政府关于进一步加强防沙治沙工作的意见	2011

（续）

文件名称	年份
关于进一步加强飞播造林、封山（沙）育林工作的通知	2012
关于鄂尔多斯市林业局治沙科学研究所林业调查规划设计室资质升级的批复	2012
内蒙古林业厅关于《在沙源治理项目区开展技术指导和工程监理工作》的通知	2012
关于进一步加强封山（沙）育林、飞播造林、林业技术推广和基层林业工作站建设工作的通知	2012
国家林业局关于确认内蒙古毛乌素生物质热电有限公司为“沙林电一体化示范基地”的复函	2012
国家林业局关于《认真做好 2012 年春季沙尘暴灾害应急处置工作》的通知	2012
国家林业局关于《在“6. 17”前后集中开展防沙治沙宣传活动》的通知	2012
国家林业局关于印发《进一步加强防沙治沙工作方案》的通知	2012
国家林业局关于《做好 2012 年秋季重大沙尘暴灾害应急处置工作》的通知	2012
河北省林业厅关于《认真做好今春沙尘暴灾害应急处置工作》的通知	2013
国家林业局关于《做好国家沙漠公园建设试点工作》的通知	2013
国家林业局关于印发《京津风沙源治理二期工程林业建设项目技术规定》的通知	2013
国家林业局关于印发《国家沙漠公园试点建设管理办法》的通知	2013
国家林业局关于《做好国家沙漠公园建设试点工作》的通知	2013
国家林业局关于《做好沙区开发建设项目环评中防沙治沙内容评价工作》的意见	2013
国家林业局关于《认真实施全国防沙治沙规划切实推进防沙治沙工作》的通知	2013
关于《做好春季沙尘暴灾害应急处置工作》的通知	2013
中国沙漠生态文化分会关于《吸纳发展会员》的通知	2013
河北省林业厅关于《开展全省第五次荒漠化和沙化监测工作》的通知	2014
内蒙古自治区林业厅关于《进一步做好林业重点生态工程封山（沙）育林、飞播造林作业设计工作》的通知	2014
宁夏回族自治区林业厅关于《开展宁夏第五次荒漠化沙化土地监测》的通知	2014
国家林业局关于印发《国家沙漠公园试点建设管理办法》的通知	2014
关于《开展在沙化土地上开垦耕地情况专项调查》的通知	2014
国家林业局关于《加强国家级防沙治沙综合示范区管理》的通知	2014
宁夏回族自治区林业厅现场办理省民革委《关于促进白银市中北部风沙源综合治理及生态防护屏障建设》的提案	2014
国家林业局关于印发《国家沙化土地封禁保护区管理办法》的通知	2015
河北省林业厅防沙治沙办公室关于《举办 2015 年防沙治沙退耕还林工程管理和技术培训班》的通知	2015
四川省人民政府办公厅发布《关于进一步做好防沙治沙工作》的通知	2015
国家林业局关于《开展防沙治沙目标责任考核自查工作》的通知	2015
国家林业局关于《进一步加强国家沙化土地封禁保护区管理》的通知	2015

1.4.9 林木种苗

林木种苗对于改善林分质量、提高人工林生产力、增加森林资源和木材供给，维持森林遗传多样性和提高人工林生物学稳定性，维护森林生态系统健康与安全具有重要的意义。林木种苗发展很大程度上决定着我国国营林业发展的质量和效益。2015 年国有育苗面积达到 8.13 万 hm^2，林木种子采收量和苗木产量分别为 2.64 万 t 和 671.34 亿株。

“林木种苗”在 2006 年十大高频词中以“林木种子”出现，2007、2008、2013、2014 年以“林木种苗”出现。10 年来，相关“林木种苗”的信息量较大，并一直处于增长态势，年均增长达到 31.95%。其中，湖北、四川、重庆、广西相关信息量较大，4 个地区“林木种苗”信息量合计占其全国信息量的 67.47%（图 17）。

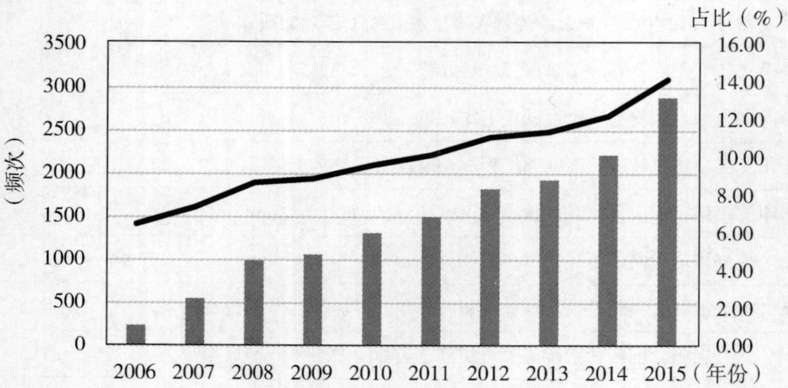

图 17 2006—2015 年“林木种苗”信息量变化情况

“种苗质量”是“林木种苗”中的重点，在与“林木种苗”相关的前 20 名的频次合计中占 35.45%。相关部门对林木种苗有管理和政策性扶持和保障，包括“生产经营许可证”“林木良种补贴”“保障性苗圃”“产地检疫”等（表 18）。

表 18 2006—2015 年“林木种苗”相关关键词及排名

排名	关键词	频次	占前 20 位比例（%）
1	种苗质量	3072	35.45
2	林木良种	1727	19.93
3	种质资源	1046	12.07
4	良种选育	393	4.53
5	全国林木种苗	335	3.87
6	生产经营许可证	302	3.48
7	林木良种补贴	300	3.46
8	良种使用率	236	2.72
9	打击制售假	215	2.48
10	保障性苗圃	170	1.96

（续）

排名	关键词	频次	占前20位比例（%）
11	种子园	166	1.92
11	林木品种审定	166	1.92
13	乡土树种	82	0.95
14	产地检疫	72	0.83
15	珍贵树种	67	0.77
16	换证	65	0.75
16	仪器设备	65	0.75
18	林木种子样品	63	0.73
18	林业有害生物	63	0.73
20	无性系	61	0.70

国务院、国家林业局及各省级人民政府出台了很多关于“林木种苗”方面的意见和通知，主要集中在建立健全行政执法体系，打击假冒伪劣苗木，改进加强苗木质量监督检验机制，加快林木种苗站建设，促进苗木产业发展等相关方面（表19）。同时也很重视“林木种苗检验员”的培训和认定工作。

表19　2002—2015年“林木种苗”相关文件目录

文件名称	年份
国家林业局关于《明确国有林场和林木种苗工作总站代局开展林木种苗行政执法工作》的通知（林人发［2002］112号）	2002
国家林业局关于颁布《林木种苗工程项目建设标准（试行）》的通知	2003
国家林业局关于印发《林木种苗行政执法体系建设框架》的通知	2007
关于执行《新疆维吾尔自治区实施〈中华人民共和国种子法〉办法》中林木品种引进和林木种苗跨省区调运有关规定的通知	2007
关于印发《内蒙古自治区林木种苗质量监督检验机构管理办法（试行）》的通知	2008
关于印发《内蒙古自治区林木种苗检验员管理办法（试行）》的通知	2008
关于印发《内蒙古自治区林木种苗调运检验办法（试行）》的通知	2008
关于印发《内蒙古自治区林木种苗质量监督检验机构建设标准（试行）》的通知	2008
关于转发《重庆市林业局 重庆市财政局关于加快我市林木种苗发展的通知》的通知	2008
浙江省下发《关于加强林木种苗培育管理工作》的通知	2008
云南省林业厅下发《关于加快林木种苗发展的意见》	2008
湖北省积极落实《国家林业局关于印发<林木种苗行政执法体系建设框架>的通知》	2008
湖北省林业局出台关于《进一步加强林木种苗规范化管理的意见》	2008
关于印发《内蒙古自治区旗县林木种苗站考核办法（试行）》的通知	2010
关于印发《内蒙古自治区旗县林木种苗站建设标准（试行）》的通知	2010

（续）

文件名称	年份
关于印发《内蒙古自治区林木种苗发展“十二五”规划》的通知	2012
关于印发《打击制售假劣林木种苗和保护植物新品种权工作实施方案》的通知	2012
国务院办公厅发布《关于加强林木种苗工作》的意见	2012
关于印发《内蒙古自治区旗县林木种苗站建设标准》的通知	2013
国家林业局关于贯彻落实《国务院办公厅关于加强林木种苗工作的意见》的通知	2013
江西省出台《关于加强林木种苗工作的意见》	2013
河南颁布实施《关于加强林木种苗工作的意见》	2013
山西省人民政府办公厅发布《关于加强林木种苗工作》的意见	2013
河北省人民政府办公厅出台《关于加强林木种苗工作的实施意见》	2013
江苏省出台《关于加强林木种苗工作的意见》	2013
关于印发《自治区林业厅贯彻落实〈国务院办公厅关于加强林木种苗工作的意见〉的实施意见》的通知	2013
内蒙古自治区林业厅《关于开展全区林木种苗调运专项执法行动》的通知	2014
国家林业局出台《关于加强林木种苗质量管理的意见》	2014
四川省人民政府办公厅出台《关于加强林木种苗工作的意见》	2014
关于印发《自治区林木种苗行政执法联合行动实施方案》的通知	2014
国家林业局发布《关于2015年全国林木种苗质量抽查情况》的通报	2015

1.4.10 义务植树

1979年全国人大将每年的3月12日定为中华人民共和国的“植树节”，以此“鼓励全国各族人民植树造林，绿化祖国，改善环境，造福子孙后代。”根据邓小平的倡议，1981年，全国人大常委会审议通过《关于开展全民义务植树运动的决议》。决议规定：在条件具备的地区，年满11岁的中华人民共和国公民，除老弱病残者外，因地制宜每人每年义务植树3至5棵，或者完成相应劳动量的育苗、管护和其他绿化任务。号召全国各族人民“人人动手，每年植树，愚公移山，坚持不懈”。

“义务植树”分别在2009、2011、2012、2013、2015年排在行业10大高频词榜内，其关注度信息量逐年上升，年均增长率达到37.10%（图18）。各地区对义务植树的关注度都较为平均，其中有一个较为显著特点是面积较大的关注度更高，如新疆、内蒙古、黑龙江、广西等。义务植树工作由全国绿化委员会牵头。

进一步统计分析“义务植树”相关关键词，义务植树与政府有组织活动紧密关联，还出现“干部群众”“市直机关”“部队官兵”“党政军领导”“县直机关”“社会团体”等，体现出领导的带头作用以及广泛的参与度（表20）。

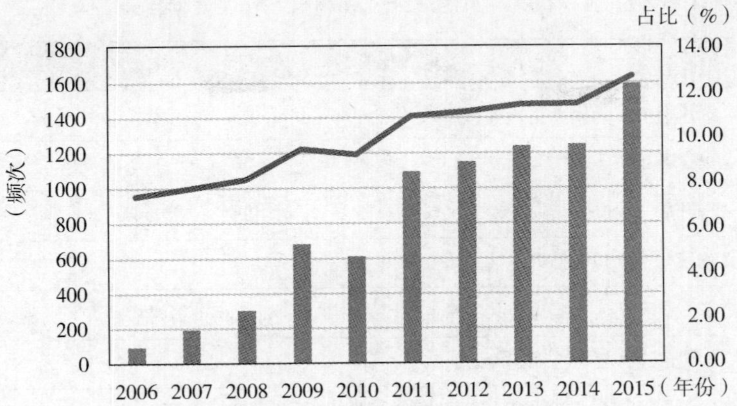

图 18　2006—2015 年“义务植树”信息量变化情况

表 20　“义务植树”相关关键词及排名

排名	关键词	频次	前 20 位占比（%）
1	全民义务植树	1829	16. 56
2	参加义务植树	1117	10. 12
3	绿化委员会	925	8. 38
4	义务植树基地	760	6. 88
5	生态文明	749	6. 78
6	干部职工	649	5. 88
7	春季义务植树	547	4. 95
8	干部群众	511	4. 63
9	义务植树运动	495	4. 48
10	植树现场	474	4. 29
11	生态环境	446	4. 04
12	国土绿化	367	3. 32
13	挥锹	317	2. 87
14	绿化美化	308	2. 79
15	植树节	308	2. 79
16	习近平	260	2. 35
17	认养	256	2. 32
18	绿化委员会办公室	252	2. 28
19	森林覆盖率	246	2. 23
20	挖坑	227	2. 06

自 1981 国务院出台《关于开展全民义务植树运动的决议》后，1982 年，国务院出台《国务院关于开展全民义务植树运动的实施办法》。2008 年，国家林业局出台《关于进一步开展义务植树活动 积极推进自治区国土绿化工作的通知》。2015 年，全国绿化委员会，国家林业局下发《关于扎实有效开展全民义务植树的通知》。各省也相继发布了义务植树相关的文件通知（表 21）。

表 21　1981—2015 年“义务植树”相关文件目录

文件名称	年份
五届人大四次会议《关于开展全民义务植树运动的决议》	1981
国务院《关于开展全民义务植树运动的实施办法》	1982
在纪念全国人大《关于开展全民义务植树运动的决议》颁布 25 周年的讲话（贾治邦）	2006
关于《进一步开展义务植树活动积极推进自治区国土绿化工作》的通知	2008
全国绿化委员会办公室关于印发《迎奥运，共建绿色家园——共和国部长义务植树活动方案》的通知	2008
关于《进一步加强呼市地区义务植树基地建设的通知》	2008
内蒙古自治区绿化委员会关于印发《开展自治区“义务植树周”活动方案》的通知	2008
全国绿化委员会办公室《关于进一步做好全民义务植树工作的通知》	2009
甘肃省人民政府《关于开展全民义务植树运动的实施细则》	2011
关于征求《黑龙江省义务植树条例（征求意见稿）》修改意见的通知	2011
河北省绿化委员会办公室《关于做好 2013 年义务植树工作》的通知	2013
全国绿化委员会、国家林业局《关于扎实有效开展全民义务植树》的通知	2015

1.5　技术方法

1.5.1　Go 语言

本项目开发使用 Go 语言，它是谷歌推出的一种全新的编程语言，可以在不损失应用程序性能的情况下降低代码的复杂性。Go 语言专门针对多处理器系统应用程序的编程进行了优化，使用 Go 编译的程序可以媲美 C 或 C++代码的速度，而且更加安全、支持并行进程。其设计是让软件充分发挥多核心处理器同步多工的优点，并可解决面向对象程序设计的麻烦。它具有现代的程序语言特色，如垃圾回收，帮助程序设计师处理琐碎但重要的内存管理问题。Go 的速度也非常快，几乎和 C 或 C++程序一样快，且能够快速制作程序。

Go 语言设计支持主流的 32 位和 64 位的 x86 平台，同时也支持 32 位的 ARM 架构。

使用 Go 语言开发使程序有以下优点：

- 简洁、快速、安全
- 并行
- 内存管理，数组安全，编译迅速

1.5.2　HTML5

HTML5 赋予网页更好的意义和结构。更加丰富的标签将随着对 RDFa 的，微数据与微格式等方面的支持，构建对程序、对用户都更有价值的数据驱动的 Web。

HTML5 还引进了新的功能，可以真正改变用户与文档的交互方式，包括：

- 新的解析规则增强了灵活性
- 新属性
- 淘汰过时的或冗余的属性
- 一个 HTML5 文档到另一个文档间的拖放功能
- 离线编辑
- 信息传递的增强
- 详细的解析规则
- 多用途互联网邮件扩展（MIME）和协议处理程序注册
- 在 SQL 数据库中存储数据的通用标准（Web SQL）

1.5.3 程序原理

主要是通过构造符合 HTTP 协议的网络数据包，向指定主机请求资源，获取返回的数据。这些数据是 HTML5 结构化数据，可以根据需要对数据进行分析和过滤。对分析完的数据在使用大数据分析，得到想要分析结果。

通过对 Golang 原生 HTTP 库的封装，帮用户处理了一些琐碎逻辑（如收集信息，检测参数），并加入了一些容错机制（如加锁，及时关闭流），保证了爬虫高并发的安全。

1.5.4 程序实现

基于 golang 开发，是一个开放的垂直领域的爬虫引擎，主要希望能将各个功能模块区分开，方便使用者重新实现子模块，进而构建自己垂直方方向的爬虫。

将爬虫的各个功能流程区分成 Spider 模块（主控），Downloader 模块（下载器），PageProcesser 模块（页面分析），Scheduler 模块（任务队列），Pipeline 模块（结果输出）。执行过程简述：

1. Spider 从 Scheduler 中获取包含待抓取 url 的 Request 对象，启动一个协程，一个协程执行一次爬取过程，此处我们把协程也看成 Spider，Spider 把 Request 对象传入 Downloader，Downloader 下载该 Request 对象中 url 所对应的页面或者其他类型的数据，生成 Page 对象；

2. Spider 调用 PageProcesser 模块解析 Page 对象中的页面数据，并存入 Page 对象中的 PageItems 中（以 Key-Value 对的形式保存），同时存入解析结果中的待抓取链接，Spider 会将待抓取链接存入 Scheduler 模块中的 Request 队列中；

3. Spider 调用 Pipeline 模块输出 Page 中的 PageItems 的结果；

4. 执行步骤 1，直至 Scheduler 中所有链接被处理完成，则 Spider 被挂起等待下一个待抓取链接或者终止。

1.5.5 Spider 模块

功能：完成爬虫初始化，如加入各个默认子模块，管理并发，调度其他模块以及相关参数设置。

重要方法：

- 爬取启动方法：Get，GetAll，Run
- 添加抓取链接：AddUrl，AddUrls，AddRequest，AddRequests
- 主模块选择方法：AddPipeline，SetScheduler，SetDownloader
- 参数设置：SetExitWhenComplete，SetThreadnum（设置爬虫并发数），SetSleepTime（设置爬取后的挂起时间）
- 监控方法：OpenFileLog，OpenFileLogDefault（打开日志文件，使用 mlog 包进行记录日志），CloseFileLog，OpenStrace（打开跟踪，打印了爬虫执行信息到 stderr），CloseStrace

1.5.6 Downloader 模块

功能：Spider 从 Scheduler 的 Request 队列中获取包含待抓取 url 的 Request 对象，传入 Downloader，Downloader 下载该 Request 对象中的 url 所对应的页面或者其他类型的数据，现在支持（html，json，jsonp，text）几种结果类型，生成 Page 对象，同时找到下载结果所对应的解析 go 包并生成解析器存入 Page 对象中，如 html 是 goquery 包，json 数据是 simplejson 包，jsonp 数据会转成 json 数据，text 是只存储了返回的原始字符串。

重要方法：

Download 下载方法，返回包含下载内容（数据，header，cookies，request 信息）的 Page 对象。

1.5.7 PageProcesser 模块

功能：这个模块主要做页面解析，用户需要在此处获取有用数据和下一步爬取的链接。PageProcesser 的前后实现步骤如下：Spider 调用 PageProcesser 模块解析页面中的数据，并存入 Page 对象中的 PageItems 对象中（以 Key-Value 对的形式保存），同时存入解析结果中的待抓取链接，Spider 会将待抓取链接存入 Scheduler 模块中的 Request 队列中；所以用户可以根据自己的需求进行个性化实现爬虫解析功能。

重要方法：

Process，爬取对象解析

1.5.8 Page 模块

功能：记录当前爬取对象的各种信息。

重要方法：

- 获取爬取结果内容：GetJson，GetHtmlParser，GetBodyStr（原始内容）
- 获取爬取对象信息：GetRequest，GetCookies，GetHeader
- 爬取状态：IsSucc（是否爬取成功 from Download 模块），Errormsg（爬取错误信息 from Download 模块）
- 影响输出和后续爬取过程的方法：SetSkip，GetSkip（此次爬取结果不存储），AddTargetRequest，AddTargetRequests（设置待爬取链接），AddTargetRequestWithParams，AddTargetRequestsWithParams，AddField（保存解析内容的 KV 对）

1.5.9 Scheduler 模块

功能：Scheduler 实际上是一个 Request 对象队列，用来保存尚未被爬取的页面链接和相应的信息，当前队列是缓存到内存中（QueueScheduler），后续会增加基于 Redis 的队列，解决 Spider 异常失败后未爬取链接丢失问题。

1.5.10 Pipeline 模块

功能：此模块主要完成数据的输出与持久化。在 PageProcesser 模块中可用数据被存入了 Page 对象中的 PageItems 对象中，此处会获取 PageItems 的结果并按照自己的要求输出。已有的样例有：PipelineConsole（输出到标准输出），PipelineFile（输出到文件中）。

1.5.11 Request 模块

功能：包含一次请求的各种设置，如 url，header，cookies 等。

1.6 数据处理方法与流程

为了完成本章的研究，要获取行业内政府网站公开信息资料，需要开发网络爬虫工具，并对数据进行整理、加工，形成专题数据库，并利用中文分词算法、关键词提取算法来提取高频关键词，具体流程及相关技术如下。

第一步，收集林业行业内网站，并将主页作为网络爬虫入口地址（表 22）。

表 22 林业行业内网站

序 号	网 址
1	http：//www. cbssgjt. com
2	http：//www. cqforestry. gov. cn
3	http：//lyt. hainan. gov. cn
4	http：//www. hebly. gov. cn
5	http：//www. hljforest. gov. cn
6	http：//www. hnly. gov. cn
7	http：//www. hbly. gov. cn
8	http：//www. hnforestry. gov. cn

（续）

序　号	网　址
9	http：//www. jsforestry. gov. cn
10	http：//lyt. jl. gov. cn
11	http：//www. jlsgjt. com
12	http：//www. lnly. gov. cn
13	http：//www. ljforest. com
14	http：//www. nmglyt. gov. cn
15	http：//www. imfic. com. cn
16	http：//www. nxforestry. gov. cn
17	http：//www. qhlyt. gov. cn
18	http：//www. forestry. gov. cn
19	http：//www. snly. gov. cn
20	http：//www. sdly. gov. cn
21	http：//www. sxforest. gov. cn
22	http：//www. scly. gov. cn
23	http：//www. xjlyt. gov. cn
24	http：//www. xjbt. gov. cn
25	http：//www. xzly. gov. cn
26	http：//www. ynly. gov. cn
27	http：//www. zjly. gov. cn
28	http：//www. bjyl. gov. cn
29	http：//www. dxal. gov. cn
30	http：//www. gzlyyl. gov. cn
31	http：//www. gxly. cn
32	http：//www. gsly. gov. cn
33	http：//www. gzforestry. gov. cn

第二步，开发网络爬虫（net crawler）工具，其主要工作是抓取每个网站的所有网页数据，并对其解析，抽取出有效数据，包括标题、URL、内容、Parent URL、发布时间、抓取时间等字段。完成后按地区保存到 . csv 文件中。经过选取，采用 Google 公司开发的 Go 语言作为提取语言。

第三步，对抓取数据进行规范化整理，包括剔除乱码，表格化整理等工作。

第四步，构建专题数据库，设计数据库表，并存入数据库（表 23）。

表 23 构建专题数据库

序号	Field	Type	Comment
1	Id	int（11）NOT NULL	
2	title	varchar（255）NULL	标题
3	content	mediumtext NULL	内容，每个 content 能存储 2G 内容
4	date_ published	varchar（255）NULL	发布时间
5	cate_ one	varchar（255）NULL	分类
6	cate_ two	varchar（255）NULL	分类
7	curr_ link	varchar（255）NULL	url
8	parent_ link	varchar（255）NULL	Parent url
9	date_ downloaded	datetime NULL	下载时间
10	pub_ year	varchar（4）NULL	发布时间
11	home_ url	varchar（255）NULL	主页

截至 2016 年 3 月，共抓取 23.32 万条数据，数据库存储量 1.02G，字数 2.29 亿个(表 24)。

表 24 数据库存储量

序号	网址	记录数（条）	字数（万字）
1	http：//www.forestry.gov.cn	48 477	3731.23
2	http：//www.hbly.gov.cn	40 223	3456.87
3	http：//www.cqforestry.gov.cn	19 876	1154.07
4	http：//www.scly.gov.cn	16 927	1133.73
5	http：//www.jlsgjt.com	15 672	1693.92
6	http：//www.xjlyt.gov.cn	15 147	1590.64
7	http：//www.gxly.cn	15 122	1096.22
8	http：//www.imfic.com.cn	12 363	990.05
9	http：//www.hljforest.gov.cn	11 732	1722.78
10	http：//www.xjbt.gov.cn	4720	510.80
11	http：//www.snly.gov.cn	4361	512.70
12	http：//www.ljforest.com	3778	1584.39
13	http：//www.hebly.gov.cn	3660	537.02
14	http：//www.gzlyyl.gov.cn	3195	260.71
15	http：//www.nmglyt.gov.cn	2841	361.70
16	http：//www.hnforestry.gov.cn	2835	678.89

（续）

序号	网址	记录数（条）	字数（万字）
17	http：//www. gsly. gov. cn	2576	372. 37
18	http：//lyt. jl. gov. cn	1923	572. 14
19	http：//www. cbssgjt. com	1308	149. 58
20	http：//www. ynly. gov. cn	1261	119. 04
21	http：//www. bjyl. gov. cn	1139	84. 64
22	http：//www. dxal. gov. cn	845	64. 87
23	http：//www. qhlyt. gov. cn	740	79. 75
24	http：//www. sdly. gov. cn	685	87. 78
25	http：//www. lnly. gov. cn	601	141. 34
26	http：//www. xzly. gov. cn	301	47. 95
27	http：//www. nxforestry. gov. cn	277	55. 80
28	http：//www. jsforestry. gov. cn	177	44. 17
29	http：//lyt. hainan. gov. cn	142	14. 81
30	http：//www. zjly. gov. cn	117	35. 75
31	http：//www. gzforestry. gov. cn	99	27. 01
32	http：//www. sxforest. gov. cn	51	9. 17
33	http：//www. hnly. gov. cn	36	8. 45
	合计	233207	22930. 32

第五步，进行关键字提取，可用两种方法，一种是通过程序将每条内容字段（content）合并成大文档，然后使用提取算法提取；另外一种是通过程序将每条内容字段（content）合并，导出到文件，再对文件进行关键字提取。相关代码如下：

```
NlpdirServiceImpl. NLPIR_ Init （" ", 1, "0" ）;
String ret = NlpdirServiceImpl. NLPIR_ GetFileKeyWords （fileName, 100, true）;
//保存到数据库中
List<ForestryKeywords> keywords = new ArrayList<ForestryKeywords> （）;
String [ ] firstSection = keys. split （"#" ）;
if （firstSection = =null） return;
for （String s: firstSection） {
String [ ] secondSection = s. split （"/" ）;
if （secondSection ! =null && secondSection. length = =4） {
ForestryKeywords f = new ForestryKeywords （）;
f. setKeyword （secondSection [0] ）;
f. setType （secondSection [1] ）;
if （secondSection [2] ! =null） {
```

```
f. setWeightout (Double. parseDouble (secondSection [2] ) );
}
if (secondSection [3] ! =null) {
f. setFeq (Integer. parseInt (secondSection [3] ) );
}
f. setMethod (" nlpir" );
f. setGrade (1);
f. setName (name);
keywords. add (f);
}
}
keyWordService. save (keywords);
keyWordService. flush ();
```

第六步，将结果保存到数据库中，使用 SQL 进行各类统计。

1.6.1 林业关注度分析技术

1.6.1.1 语言介绍

Go 语言是谷歌推出的一种全新的编程语言，可以在不损失应用程序性能的情况下降低代码的复杂性。Go 语言专门针对多处理器系统应用程序的编程进行了优化，使用 Go 编译的程序可以媲美 C 或 C++代码的速度，而且更加安全，支持并行进程。其设计是让软件充分发挥多核心处理器同步多工的优点，并可解决面向对象程序设计的麻烦。它具有现代的程序语言特色，如垃圾回收，能帮助程序设计师处理琐碎但重要的内存管理问题。Go 语言的速度也非常快，几乎和 C 或 C++程序一样快，且能够快速制作程序。

Go 语言设计支持主流的 32 位和 64 位的 x86 平台，同时也支持 32 位的 ARM 架构。

HTML5 赋予网页更好的意义和结构。更加丰富的标签将随着对 RDFa 的，微数据与微格式等方面的支持，构建对程序、对用户都更有价值的数据驱动的 Web。

HTML5 还引进了新的功能，可以真正改变用户与文档的交互方式，包括：

（1）新的解析规则增强了灵活性。

（2）新属性。

（3）淘汰过时的或冗余的属性。

（4）一个 HTML5 文档到另一个文档间的拖放功能。

（5）离线编辑。

（6）信息传递的增强。

（7）详细的解析规则。

（8）多用途互联网邮件扩展（MIME）和协议处理程序注册。

（9）在 SQL 数据库中存储数据的通用标准（Web SQL）。

1.6.1.2 程序介绍

（1）原理与实现

主要是通过构造符合 HTTP 协议的网络数据包，向指定主机请求资源，获取返回的数据。这些数据是 HTML5 结构化数据，可以根据需要对数据进行分析和过滤。对分析完的数据再使用大数据分析，得到想要的分析结果。

通过对 Golang 原生 HTTP 库的封装，帮用户处理了一些琐碎信息（如收集信息，检测参数），并加入了一些容错机制（如加锁，及时关闭流），保证了爬虫高并发的安全。

基于 Golang 开发是一个开放的垂直领域的爬虫引擎，主要希望能将各个功能模块区分开，方便使用者重新实现子模块，进而构建自己垂直方向的爬虫。

将爬虫的各个功能流程区分成 Spider 模块（主控）、Downloader 模块（下载器）、PageProcesser 模块（页面分析）、Scheduler 模块（任务队列）、Pipeline 模块（结果输出）。

执行过程简述：

Spider 从 Scheduler 中获取包含待抓取 url 的 Request 对象，启动一个协程，一个协程执行一次爬取过程，此处我们把协程也看成 Spider，Spider 把 Request 对象传入 Downloader，Downloader 下载该 Request 对象中 url 所对应的页面或者其他类型的数据，生成 Page 对象（图 19）。

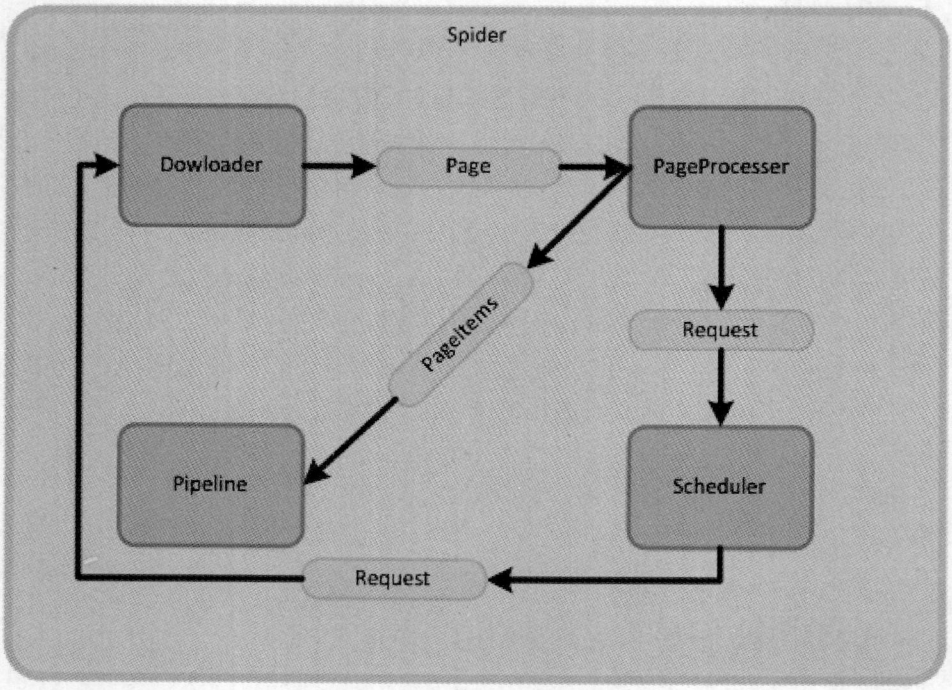

图 19　Spider 流程图

Spider 调用 PageProcesser 模块解析 Page 对象中的页面数据，并存入 Page 对象中的 PageItems 中（以 Key-Value 对的形式保存），同时存入解析结果中的待抓取链接，Spider

会将待抓取链接存入 Scheduler 模块中的 Request 队列中。

Spider 调用 Pipeline 模块输出 Page 中的 PageItems 的结果：

执行步骤 1，直至 Scheduler 中所有链接被处理完成，则 Spider 被挂起等待下一个待抓取链接或者终止。

（2）模块介绍

①Spider

功能：完成爬虫初始化，如加入各个默认子模块，管理并发，调度其他模块以及相关参数设置。

重要方法：

爬取启动方法：Get，Get All，Run。

添加抓取链接：AddUrl，AddUrls，AddRequest，AddRequests。

主模块选择方法：AddPipeline，SetScheduler，SetDownloader。

参数设置：SetExitWhenComplete，SetThreadnum（设置爬虫并发数），SetSleepTime（设置爬取后的挂起时间）。

监控方法：OpenFileLog，OpenFileLogDefault（打开日志文件，使用 mlog 包进行记录日志），CloseFileLog，OpenStrace（打开跟踪，打印了爬虫执行信息到 stderr），CloseStrace

Downloader。

功能：Spider 从 Scheduler 的 Request 队列中获取包含待抓取 url 的 Request 对象，传入 Downloader，Downloader 下载该 Request 对象中的 url 所对应的页面或者其他类型的数据，现在支持（html、json、jsonp、text）几种结果类型，生成 Page 对象，同时找到下载结果所对应的解析 go 包并生成解析器存入 Page 对象中，如 html 是 goquery 包，json 数据是 simplejson 包，jsonp 数据会转成 json 数据，text 是只存储了返回的原始字符串。

重要方法：

Download 下载方法，返回包含下载内容（数据、header、cookies、request 信息）的 Page 对象。

②PageProcesser

功能：这个模块主要做页面解析，用户需要在此处获取有用数据和下一步爬取的链接。PageProcesser 的前后实现步骤如下：Spider 调用 PageProcesser 模块解析页面中的数据，并存入 Page 对象中的 PageItems 对象中（以 Key-Value 对的形式保存），同时存入解析结果中的待抓取链接，Spider 会将待抓取链接存入 Scheduler 模块中的 Request 队列中；所以用户可以根据自己的需求进行个性化实现爬虫解析功能。

重要方法：

Process，爬取对象解析。

③Page

功能：记录当前爬取对象的各种信息。

重要方法：

获取爬取结果内容：GetJson，GetHtmlParser，GetBodyStr（原始内容）。

获取爬取对象信息：GetRequest，GetCookies，GetHeader。

爬取状态：IsSucc（是否爬取成功 from Download 模块），Errormsg（爬取错误信息 from Download 模块）。

影响输出和后续爬取过程的方法：SetSkip，GetSkip（此次爬取结果不存储），AddTargetRequest，AddTargetRequests（设置待爬取链接），AddTargetRequestWithParams，AddTargetRequestsWithParams，AddField（保存解析内容的 KV 对）。

④Scheduler

功能：Scheduler 实际上是一个 Request 对象队列，用来保存尚未被爬取的页面链接和相应的信息，当前队列是缓存到内存中（QueueScheduler），后续会增加基于 Redis 的队列，解决 Spider 异常失败后未爬取链接丢失问题。

⑤Pipeline

功能：此模块主要完成数据的输出与持久化。在 PageProcesser 模块中可用数据被存入了 Page 对象中的 PageItems 对象中，此处会获取 PageItems 的结果并按照自己的要求输出。已有的样例有：PipelineConsole（输出到标准输出），PipelineFile（输出到文件中）。

⑥Request

功能：包含一次请求的各种设置，如 url，header，cookies 等。

（3）优点

使用 Go 语言开发使程序有以下优点：

①简洁、快速、安全。

②并行。

③内存管理，数组安全，编译迅速。

1.7 关键字提取技术

关键词的提取涉及到如何处理中文信息问题。词是最小的能够独立活动的有意义的语言成分。在中文中，词与词之间不存在分隔符，词本身也缺乏明显的形态标记，因此，中文信息处理的特有问题就是如何将中文的字串分割为合理的词语序列，即中文分词。有了分词基础，可运用计算机、统计知识进行词频统计，最终得出所需高频词。

在中文分词领域，有很多的研究成果，并形成一些商业化的应用，包括哈尔滨工业大学的语言云、东北大学自然语言处理实验室的 Niutrans 统计机器翻译系统、中国科学院张华平博士的 NLPDIR 汉语分词系统、JIEBA 分词系统、中国自然语言开源组织的 Ansi 分词等。其核心算法主要有两类，第一类是基于语言学知识的规则方法，如各种形态的最大匹配、最少切分方法以及综合了最大匹配和最少切分的 N-最短路径方法；第二类是基于大规模语料库的机器学习方法，这是目前应用比较广泛、效果较好的解决方案。用到的统计模型有 N 元语言模型，信道-噪声模型，最大期望，隐尔马模型（Hidden Markov Model、

HMM）等。在分词基础上，可实现关键词的自动提取，主要的算法包括 TF-IDF 算法（Term Frequency-Inverse Term Frequency），此算法需要语料库的支撑，另外一种算法是基于信息熵（Information entropy）的关键词提取算法，不需要语料库的支撑。

本书采用了中国科学院 NLPDIR 中文分词算法及关键词提取技术来处理林业行业内抓取的所有数据，发现大部分关键词都是新名词（n_new），意味着不在词典中。以下随机选取一段文章来分析一下分词及关键词处理过程。

市政府新闻发布会 12 日召开 公布重庆市森林资源规划设计调查成果

全市森林覆盖率 10 年增长约 15%，达到 42.1%

作者：宣传信息处　　发表时间：2013/3/13　　来源：本站

3 月 12 日，市政府新闻发布会召开，正式发布全市森林资源规划设计调查成果，10 年间，全市林地面积、森林面积和林木蓄积实现“三增长”，森林质量和森林效益实现“两提高”。

发布会由市委外宣办副主任、市政府新闻办副主任文天平主持。市绿化委员会办公室主任、市林业局局长吴亚，市林业局新闻发言人、副局长王声斌，市林业局森林资源管理处处长王定富，市森林资源监测中心主任石胜璋出席发布会。

王声斌发布新闻时说，这次调查从 2010 年 10 月开始，到 2012 年 12 月结束，历时两年有余，动用了 1000 多名调查和科研人员，获取调查数据 2.1 亿组，涉及森林资源数量、质量、结构和分布现状等方方面面。这距离上一次调查已有 10 年。

本次调查结果显示，跟 10 年前的 2002 年相比，2012 年全市林地面积 432.92 万 hm^2，净增 67.10 万 hm^2，年均增加 6.71 万 hm^2，年均净增率 1.8%；森林面积 347.23 万 hm^2，净增 123.50 万 hm^2，年均净增 12.35 万 hm^2；森林覆盖率 42.1%，增加 14.96 个百分点，年均增加约 1.5 个百分点；林木蓄积 19039.64 万 m^3，净增 7040.72 万 m^3，年均净增 704.07 万 m^3，年均净增率 5.9%。其中，天然乔木林面积 208.93 万 hm^2，净增 50.29 万 hm^2；而人工乔木林面积 82.34 万 hm^2，净增 36.68 万 hm^2。

按照国家有关标准测算，全市森林植被总碳储量达到 1.38 亿 t，森林生态系统年涵养水源量达到 87.81 亿 m^3，年固土量达到 1.25 亿 t，年保肥量达到 0.065 亿 t，年吸收二氧化碳达到 0.148 亿 t，年滞尘量达到 0.89 亿 t。仅此 6 项生态服务功能，年价值就高达 1776 亿元。

除此之外，调查也反映出全市森林资源总量不大、质量不高等问题，例如人均森林面积和人均林木蓄积量都低于全国平均水平，森林资源中混交林少，树种较为单一。

对于这些不足，市林业局局长吴亚在发布会上表示，下一步一方面要保护存量，“防火防虫防乱砍滥伐”；另一方面要开拓增量，挖掘现有林地空间，消灭荒山；此外，还要进一步提高质量，多发展混交林，并坚持科学种树、适地适树原则，在适宜发展经济林的地方尽量发展经济林，增加群众在林业方面的收入。通过上述 3 个措施，力争到 2017 年全市森林覆盖率达到 45%。

首先进行分词处理，结果（图20）可看出对上文进行了词性标注和切分工作。词性标准标准参考北大《人民日报》语料库词性标记集，以名词为例，分为：人名、地名、机构团体名等，均以n开头，如果不在词库中则用n_ new或者n_ newword标注。

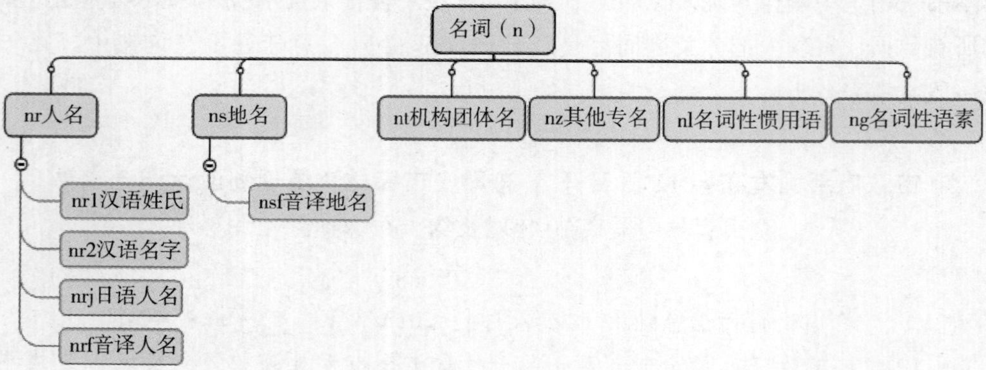

图20　分词处理

“森林资源”“全市森林覆盖率”“全市森林资源”“森林面积”“林木蓄积”被标注为“n_ newword”，而其他词，比如“新闻”“发布会”等已在词库中，直接标注为n（名词）。

市政府/n　新闻/n　发布会/n　12日/t　召开/v　公布/v　重庆市/ns　森林资源/n_ newword　规划/n　设计/vn　调查/vn　成果/n

全市森林覆盖率/n_ newword　十/m　年/qt　增长/v　约/d　15%/m　，/wd　达到/v　42.1%/m　?/ww

作者/n　：/wp　宣传/v　信息/n　处/n　发表/v　时间/n　：/wp　2013/m　//w　3/m　//w　13/m　来源/n　：/wp　本/rz　站/n

?/ww　?/ww　?/ww　3月/t　12日/t　，/wd　市政府/n　新闻/n　发布会/n　召开/v　，/wd　正式/ad　发布/v　全市森林资源/n_ newword　规划/n　设计/vn　调查/vn　成果/n　，/wd　十/m　年/qt　间/f　，/wd　全市林地面积/n_ newword　、/wn　森林面积/n_ newword　和/cc　林木蓄积/n_ newword　实现/v　“/wyz　三/m　增长/v　”/wyy　，/wd　森林/n　质量/n　和/cc　森林/n　效益/n　实现/v　“/wyz　两/m　提高/v　”/wyy　。/wj　?/ww　?/ww　?/ww　发布会/n　由/p　市委/n　外/f　宣/nr1　办/v　副/b　主任/n　、/wn　市政府/n　新闻办/n　副/b　主任/n　文/ng　天平/n　主持/v　。/wj　市/n　绿化/vn　委员会/n　办公室/n　主任/n　、/wn　市/n　林业局/nt　局长/n　吴亚/nr　，/wd　市/n　林业局/nt　新闻/n　发言人/n　、/wn　副/b　局长/n　王声斌/nr　，/wd　市/n　林业局/nt　森林资源/n_ newword　管理处/n　处长/n　王定富/nr　，/wd　市/n　森林资源/n_ newword　监测/vn　中心/n　主任/n　石胜璋/nr　出席/v　发布会/n　。/wj　?/ww　?/ww　?/ww　王声斌/nr　发布/v　新闻/n　时/ng　说/v　，/wd　这次/r　调查/v　从/p　2010年/t　10月/t　开始/v　，/wd　到/p　2012年/t　12月/t　结束/v　，/wd　历时/vi　两/m　年/qt　有余/vi　,/wd　动用/v　了/ule　1000/m　多/m　名/q　调查/vn　和/cc　科研/n　人员/n　，/wd　获取/v　调查/vn　数据/n　2.1亿/m　组/q　，/wd　涉及/v　森林资源/n_ newword　数量/n　、/wn　质量/n　、/wn　结构/n　和/cc　分布/vn　现状/n　等/udeng　方方面面/n　。/wj　这/rzv　距离/n　上/f

一/m 次/qv 调查/vn 已/d 有/vyou 10/m 年/qt 。/wj ？/ww ？/ww ？/ww 本次/r 调查/vn 结果/n 显示/v ，/wd 跟/p 十/m 年/qt 前/f 的/ude1 2002 年/t 相比/vi ，/wd 2012 年/t 全市林地面积/n_ newword 432.92 万/m hm^2/q ，/wd 净增/v 67.10 万/m hm^2/q ，/wd 年均/v 增加/v 6.71 万/m hm^2/q ，/wd 年均/v 净增/v 率/v 1.8%/m ；/wf 森林面积/n_ newword 347.23 万/m hm^2/q ，/wd 净增/v 123.50 万/m hm^2/q ，/wd 年均/v 净增/v 12.35 万/m hm^2/q ；/wf 森林/n 覆盖率/n 42.1%/m ，/wd 增加/v 14.96/m 个/q 百分点/n ，/wd 年均/v 增加/v 约/d 1.5/m 个/q 百分点/n ；/wf 林木蓄积/n_ newword 19039.64 万/m m^3/q ，/wd 净增/v 7040.72 万/m m^3/q ，/wd 年均/v 净增/v 704.07 万/m m^3/q ，/wd 年均/v 净增/v 率/v 5.9%/m 。/wj 其中/rz ，/wd 天然/b 乔木/n 林/nr1 面积/n 208.93 万/m hm^2/q ，/wd 净增/v 50.29 万/m hm^2/q ；/wf 而/cc 人工/b 乔木/n 林/nr1 面积/n 82.34 万/m hm^2/q ，/wd 净增/v 36.68 万/m hm^2/q 。/wj ？/ww ？/ww ？/ww 按照/p 国家/n 有关/vn 标准/n 测算/v ，/wd 全市森林/n_ newword 植被/n 总/b 碳/n 储量/n 达到/v 1.38 亿/m 吨/q ，/wd 森林/n 生态/n 系统/n 年/qt 涵养/v 水源/n 量/n 达到/v 87.81 亿/m m^3/q ，/wd 年/qt 固/vg 土/b 量/n 达到/v 1.25 亿/m 吨/q ，/wd 年/qt 保/v 肥/a 量/n 达到/v 0.065 亿/m 吨/q ，/wd 年/qt 吸收/v 二氧化碳/n 达到/v 0.148 亿/m 吨/q ，/wd 年/qt 滞/vg 尘/ng 量/n 达到/v 0.89 亿/m 吨/q 。/wj 仅/d 此/rzs 6/m 项/q 生态/n 服务/vn 功能/n ，/wd 年/qt 价值/n 就/d 高/a 达/v 1776 亿/m 元/q 。/wj ？/ww ？/ww ？/ww 调查/vn 也/d 反映/v 出/vf 全市森林资源/n_ newword 总量/n 不/d 大/a 、/wn 质量/n 不/d 高/a 等/udeng 问题/n ，/wd 例如/v 人均/a 森林面积/n_ newword 和/cc 人均/a 林木蓄积/n_ newword 量/n 都/d 低于/v 全国/n 平均/a 水平/n ，/wd 森林资源/n_ newword 中/b 混交林/n 少/a ，/wd 树/v 种/q 较为/d 单一/a 。/wj ？/ww ？/ww ？/ww 对于/p 这些/rz 不足/a ，/wd 市/n 林业局/nt 局长/n 吴亚/nr 在/p 发布会/n 上/f 表示/v ，/wd 下/vf 一/m 步/qv 一方面/c 要/v 保护/vn 存量/n ，/wd "/wyz 防火/vi 防虫/vi 防/v 乱砍滥伐/vl "/wyy ；/wf 另一方面/c 要/v 开拓/v 增量/n ，/wd 挖掘/v 现有/vn 林地/n 空间/n ，/wd 消灭/v 荒山/n ；/wf 此外/c ，/wd 还要/d 进一步/d 提高/v 质量/n ，/wd 多/ad 发展/v 混交林/n ，/wd 并/cc 坚持/v 科学/n 种/q 树/n 、/wn 适/ag 地/n 适/ag 树/n 原则/n ，/wd 在/p 适宜/v 发展/vn 经济林/n 的/ude1 地方/n 尽量/d 发展/v 经济林/n ，/wd 增加/v 群众/n 在/p 林业/n 方面/n 的/ude1 收入/n 。/wj 通过/p 上述/b 三/m 个/q 措施/n ，/wd 力争/v 到/p 2017 年/t 全市森林覆盖率/n_ newword 达到/v 45%/m /wj。

这篇文章中哪些可以作为高频词呢，首先可定义一个标准，比如在文章出现了 3 次以上的关键词可以作为高频词。使用信息熵原理来提取这篇文章的高频词。

信息熵来提取的高频词的理论认为，在文章中能成为高频词的那些词必定左右能搭配很丰富的词，基于此设想，定义一个词的信息熵如下：

$$H(x) = -\sum_{i=1}^{n} Pi * \log Pi$$

其中：x 代表词，Pi 代表左右出现的词的数目，如果词的左右信息熵都很大，那这个词就很可能是关键词。

取 $X1$ = "森林资源" 和 $X2$ = "hm^2" 来比较，其在文章中分别出现 7 次和 9 次，虽然

“hm^2” 出现的频次很高，但显然，这篇文章的关键词包含“森林资源”，而不是“hm^2”，用此公式计算来说明：

$$H(X1) = -(4 \times \frac{1}{7} \times \log \frac{1}{7} + \frac{2}{7} \times \log \frac{2}{7})) = 0.638$$

$$H(X2) = -(\frac{9}{9} \times \log \frac{9}{9}) = 0$$

明显，“hm^2” 信息熵为 0，不是关键词。

2 林业政策国内网络影响力分析

2.1 概述

分析林业政策在国内网络的影响力，需要明确两个维度的范围。第一个维度是林业政策集合，用什么来反映林业政策。通过第一章的研究发现，基于大数据挖掘方法挖掘出的关键词能很好地反映某项政策的关注焦点。因此，仍然选用关键词作为反映林业政策的入口参数，即用关键词网络影响的广度和深度来反映林业政策的网络影响强度。另一个维度是影响力指标集合，由于网络涉及的公共搜索领域、社交领域（如微信、微博、Twitter、facebook 等）、学术领域等多方面，一般无法定义出哪个指标最能代表影响力，但是通过因子分析，能发现它们之间的一些关联关系，这是本章的主要内容。

对某个关键词，其政策影响力定义为：

林业政策关键词影响力=（搜索影响力+社交影响力+学术影响力） * 权重。权重通过熵权法来确定。

搜索影响力主要通过百度指数和 Google 趋势来反映公众对关键词的关注程度。其中，百度指数包括搜索指数（以网民在百度的搜索量为数据基础，以关键词为统计对象，科学分析并计算出各个关键词在百度网页搜索中搜索频次的加权和。根据搜索来源的不同，搜索指数分为 PC 搜索指数和移动搜索指数）、媒体指数（媒体指数是以各大互联网媒体报道的新闻中，与关键词相关的、被百度新闻频道收录的数量，采用新闻标题包含关键词的统计标准、数据来源、计算方法与搜索指数无直接关系）、需求图谱（需求分布是综合计算关键词与相关词的相关程度，以及相关词自身的搜索需求大小得出。相关词距圆心的距离表示相关词相关性强度；相关词自身大小表示相关词自身搜索指数大小，红色代表搜索指数上升，绿色代表搜索指数下降）、人群属性（关键词的人群属性，是根据百度用户搜索数据，采用数据挖掘方法，对关键词的人群属性进行聚类分析，给出性别比例、年龄分布、兴趣分布等社会属性信息）等指标。Google 趋势包括搜索热度、区域热度等指标。

社交媒体影响力：社交媒体的形态包括博客及微博客（如国外的 Twitter、Facebook 等，国内的饭否网等）、维基（如国外的 Wiki 等，国内的互动百科、百度百科等）、图片分享播客（如国外的 Flickr、Pinterest 等）、视频分享（如国外 YouTube 等，国内的土豆网、优酷网等）等。社交媒体的影响力源于其基本功能在用户群或社会网络（现实的或虚拟的）之中的发散、传递与延伸。社交媒体中的内容影响力应基于短文本建模，尤其是在微博（MicroBlog）环境下进行分析。本文衡量社交媒体影响力主要通过社交媒体形态中的一种即微博指数和微博传播指数来反映公众对关键词的关注程度。微博指数通过微博数、粉丝数、收藏数、用户的互粉数及微博的转发数、评论数和表态数量来表征。微博传播指数（MicroBlog Communication Index，BCI）是通过微博的活跃度和传播度来反映账号的传播能力和传播效果。活跃度体现评估时间段内微博的总体活跃程度，活跃度越高，传播信息的能力和影响力越大，包含发博数和原创微博数。传播度用来衡量信息传播的范围及影响他人的能力，由转发数、评论数、粉丝数、表态数等指标构成。

学术影响力：主要通过在中国学术期刊全文数据库收录的所有期刊中检索条件为与林业政策相关的关键词的搜索频次，来反映公众对关键词的关注程度。

2.2 界定要分析的林业政策关键词

第一章中分析出的关键词是在无监督情况下得出的。无监督的好处是减少人为的干预，能客观反映行业内的关注焦点，这有助于我们从客观上了解林业行业的发展特点和现状。为了完成对林业政策网络影响力的研究任务，需要在第一章得出行业内高频关键词的基础上对林业政策关键词再提取，并介入人为监督，以便更好地反映林业政策的核心思想。

确定几类作为林业政策网络影响力的分析内容。

从第一章分析得出的关键词可以分为两类，一类是关键词能直接反应林业政策的集合，比如“义务植树”“天然林保护”本身就是代表林业政策核心思想，这类关键词可直接作为林业政策关键词来加以分析，并且应赋予更高的权重；另一类是关键词本身跟林业政策没有关系，如“森林资源”“森林公园”等，虽然只是普通的林业常用名词，但是与之相关的关键词，比如“林政稽查”“生态效益补偿”“清理整顿”“森林采伐限额”具有政策含义，对这类关键词要做分类处理。

2.2.1 林业政策相关关键词集合——森林资源

通过对森林资源相关文档和法律法规进一步挖掘和分析，决定使用以下关键词作为分析的主要入口。包括：

（1）森林资源：作为参考。

（2）二类调查：森林资源二类调查是以国有林场、自然保护区、森林公园等森林经营单位或县级行政区域为调查单位，以满足森林经营方案、总体设计、林业区划与规划设计需要而进行的森林资源调查。有关二类调查的发文包括：《吉林省林业厅关于调整森林资源二类调查补助费标准的通知》《关于做好全区森林资源二类补充调查工作的通知》《关于加强森林资源二类调查质量管理的通知》《关于召开我区森林资源二类补充调查工作中期会议暨培训的通知》《关于开展内蒙古大青山国家级自然保护区森林资源二类调查的通知》《关于规范全省森林资源二类调查有关技术问题的通知》。

（3）破坏森林资源：为了打击破坏森林资源的违法行为，各级林业部门经常采取专项措施。

（4）占用林地：占用林地是指未经法定程序审批、登记、核发证书、确认林地使用权而占用林地的行为。

（5）森林资源资产评估：森林资源是陆地生态系统的主体，它具有生态效益、社会效益和经济效益。森林资源是人类生存的必要条件，森林资源又是人类社会极为重要的财富，是林业企业赖以生存和发展的物质基础。森林资源资产是以森林资源为物质内涵的资产，它仅是森林资源中具有资产性质的一部分经济资源，它是林业企业赖以生存和发展的物质基础、生产资料的主要来源。森林资源资产是自然资源资产的主要组成部分，是一种具有再生能力的自然资源资产。

（6）森林资源清查：森林资源清查是指在一定时期内对某一地区内的各类森林资源分布情况和森林质量等因子进行调查和核查。

（7）采伐限额：是国家通过制定统一的年度木材生产计划，对森林和林木实行限制采伐，以控制森林资源的消耗量不超过森林资源的生长量，从而达到提高森林覆盖率，改善我国生态状况以及充分发挥森林在经济发展和社会和谐发展中的作用。

（8）征占用林地：临时占用除防护林和特种用途林以外的其他林地面积 $2hm^2$ 以下的，由县级人民政府林业主管部门审批。

（9）森林覆盖率：指一个国家或地区森林面积占土地面积的百分比，是反映一个国家或地区森林面积占有情况或森林资源丰富程度及实现绿化程度的指标，又是确定森林经营和开发利用方针的重要依据之一。

（10）森林资源流转：指的是林地的使用权以及林木和森林的流转。森林资源的流转重在林地的流转，林木和森林作为森林资源的附属物，根据所有人要求可以一起流转或者由森林所有者自行处理。森林资源流转的实质是经济权利及资产所有权的转移。

（11）毁林：按照棵树计算，数量较大的标准，在林区盗伐一般可掌握在 $2\sim5m^3$ 或幼树 100~250 株；滥伐一般可掌握在 $10\sim20m^3$ 或幼树 500~1200 株。在非林区盗伐一般可掌握在 $1\sim2.5m^3$ 或幼树 50~125 株；滥伐一般可掌握在 $5\sim10m^3$ 或幼树 250~600 株，或者相当于上述损失。

（12）木材经营加工：对原始的木材进行经营管理和加工处理的流程。

（13）木材检查站：木材检查站为基层林业行政执法单位，是经省人民政府依法批准设置的，并持有编制部门颁发的事业单位法人登记证，承担着对木材、竹材、野生动植物运输以及森林植物检疫证的监督检查。

（14）毁林开垦：毁掉树林而开垦荒地。

（15）非法侵占林地：非法占用林地的行为通常表现为3种形式：第一，未经批准占用林地。即未经国家土地管理机关审核并报经人民政府批准，而擅自占用林地。第二，超过批准的数量占用林地。即少批多占林地的，其中一部分林地的占用经过合法批准，一部分林地的占用则未经批准。第三，采取欺骗手段骗取批准占用林地。主要是以提供虚假文件、谎报用途或借用、盗用他人的名义申请等欺骗手段取得批准手续而占用林地。

（16）商品林：以生产木（竹）材和提供其他林特产品，获得最大经济产出等满足人类社会的经济需求为主体功能的森林、林地、林木，主要是提供能进入市场的经济产品。

（17）林木采伐许可证：林木采伐单位和个人采伐森林时，必须获取县级林业主管部门核发许可采伐的一种法定凭证，即林木采伐许可证。

（18）占用征用林地：占用林地是指全民所有制单位因勘察设计、修筑工程设施、开采矿藏等的需要，依法使用全民所有的林地。征用林地是指全民所有制单位因勘察设计、修筑工程设施、开采矿藏等的需要，依法使用集体所有的林地。

（19）林权抵押：是指为担保债务的履行，林权人（从事林业种植、加工和经营的企业或个人），按照有关规定，将林业行政管理部门颁发的《林权证》载明的拥有或有权依法处分的林地承包经营权抵押给债权人，当债务人不履行到期债务或者发生当事人约定的实现抵押权的情形，债权人有权就该财产优先受偿。

（20）林地变更调查：检查部门对于林地发生变更后采取调查询问的方式进行排查。

（21）林政稽查：认真贯彻执行林业法律、法规、规章和政策，对林政监督、指导并组织实施全市林业行政执法工作。

（22）生态效益补偿：是指国家在保留森林面积的基础上，为了充分发挥生态效益而建立的一种法律机制。它主要是由国家投资筹建，然后森林生态效益的经营者需要再向国家交一部分的补偿费用，用这种方法来维持生态效益资金循环链条。这些资金再反过来对森林进行保护和管理。

（23）停伐：停止人为进行砍伐树木的行为。

（24）改变林地用途：改变林地用途的毁林开垦行为即违法开垦林地的行为。

（25）毁林开荒：砍伐树林，利用由此产生的空地种植农作物称为毁林开荒。

（26）森林分类经营：慎重地区划森林资源，协调相关效益间的不同利用，减少其利用间的矛盾与冲突，达到各功能间的互补与优化，是以林种经营目标为依据的组织经营模式，便于目标管理。森林分类经营的理念主要有：分类经营、永续经营、协调经营、生态系统经营、多种经营模式。

（27）森林蓄积量：森林蓄积量是指一定森林面积上存在着的林木树干部分的总材积。它是反映一个国家或地区森林资源总规模和水平的基本指标之一，也是反映森林资源的丰富程度、衡量森林生态环境优劣的重要依据。

2.2.2 林业政策相关关键词集合——森林防火

（1）森林防火：是指森林、林木和林地火灾的预防和扑救。

（2）森林火灾：森林火灾是指失去人为控制，在林地内自由蔓延和扩展，对森林、森林生态系统和人类带来一定危害和损失的林火行为。森林火灾是一种突发性强、破坏性大、处置救助较为困难的自然灾害。

（3）森林火险：森林火险是森林火灾发生的可能性和蔓延程度的一种度量。

（4）森林消防：指森林火灾的预防、扑救和森林火灾案件侦破工作。

（5）护林员：护林员是指巡护森林的人员。有自然村级护林员，行政村级护林员，林场护林员和国际专业护林员等。

（6）春季森林防火：春季是森林火灾的多发期，在春季要进行森林火灾的防护。

（7）扑火队：扑救森林火灾，保护火灾现场，协助有关部门调查的队伍。

（8）秋冬季森林防火：由于秋、冬季气候干燥，林缘、林内枯死可燃物大量增多，农事、林事用火频繁，稍有不慎，极易引发森林火灾。进行火灾的预防即为防止火灾的发生。

（9）森林草原防火：防止失去人为控制，在林草地内自由蔓延和扩展，对各种生物、陆地生态系统和人类带来一定危害和损失的林火行为。

（10）巡山护林：从事以下工作：① 辖区内有没有乱砍滥伐；②辖区内有没有森林病虫害；③辖区内有没有森林火灾隐患；④辖区内有没有乱占林地现象 发现有以上现象及时制止并报告上级部门。

（11）航空护林：用航空手段来保护森林，主要利用飞机预防和扑灭森林火灾。

（12）防火隔离带：防火隔离带是指为阻止森林火灾大面积延烧而设制的隔离空间和相关设施，起着保护生命与财产功能的作用。

（13）风力灭火机：风力灭火机俗称吹风机，主要应用森林灭火、消防急救、园林绿化、公路工程等 ，也有用于工业生产。

（14）夏季森林防火：夏季是深林火灾的频发时段，需有效做好森林火灾的防护工作。

（15）森林火灾：是失去人为控制，在森林中肆意蔓延和扩展，对森林、生态环境、人类生命财产带来一定危害和损失的森林燃烧。

（16）巡山守卡：巡查山林，守备重要的岗位，随时准备应对森林火灾。

（17）森林防火戒严令：为有效保护森林资源，维护生态平衡和公共安全，而制定的在森林高火险期发布严禁一切野外用火的制度。

（18）森林火灾保险：为提高林业抵御风险的能力，建立森林保险服务体系而设立的政策性保险险种。

（19）森林防火责任制：地方各级人民政府对本地区森林防火工作全面负责，政府主要负责同志为第一责任人，分管负责同志为主要责任人。

（20）火烧迹地：火烧迹地指森林中经火灾烧毁后尚未长起新林的土地。

（21）武警森林部队：1999年，国务院、中央军委决定组建武警森林指挥部，实行武警总部和国家林业主管部门双重领导体制，由武警总部对其军事、政治、后勤工作实施统一领导，国家林业主管部门负责其业务工作。

2.2.3 林业政策相关关键词集合——国有林场

（1）国有林场：国有林场是国家培育和保护森林资源的林业生产性的事业单位，在20世纪90年代以前叫国营林场。经过50多年的建设，全国国有林场总数已达到4507个，分布在31个省（自治区、直辖市）的1600多个县（市、旗、区）。现有职工总人数66万人。林场的主要任务是扩大森林资源，提高森林质量，充分发挥国有林地生产潜力，提高生态、社会和经济效益。

（2）国有林场改革：国有林场改革属于林场改革，是我国生态修复和建设的重要手段。

（3）国有林区：是我国森林资源比较集中的地域。

（4）国有林区改革：对国家培育和保护森林资源的林业生产性的事业单位进行改革。

（5）国有林场危旧房：国有林场内的危险陈旧的住房。

（6）国有林场基础设施：国有林场中的基础设施的建设。

（7）国有林场富余职工：国有林场内超出需要的富余下来的工作人员。

（8）高峰林场：高峰林场位于嫩江县南部，隶属于嫩江县林业局，地理坐标为东经125°09′00″~125°26′00″，北纬49°00′00″~49°09′02″。东、西部与长福乡毗连，南与鹤山、跃进农场接壤，北部与长福乡相接。场内建有国家鸟类保护环志站、省级森林公园。

（9）国有林场棚户区：国有林场内平房密度大，使用年限久，房屋质量差，人均建筑面积小，基础设施配套不齐全，交通不便利，治安和消防隐患大，环境卫生脏、乱、差的区域。

（10）纸浆林：以培育和提供造纸基本原料——纸浆为主要目的的森林，是专门培育纤维造纸林的森林（以人工林为主）。

2.2.4 林业政策相关关键词集合——林业有害生物

（1）林业有害生物：林业有害生物是指危害森林、林木和林木种子正常生长并造成经济损失的病、虫、杂草等。

（2）松材线虫：松林线虫属蠕形动物门线虫纲垫刃目滑刃总科伞刃属。成虫虫体长14~16μm。雌虫尾部近圆锥形，末端圆；雄虫尾部似鸟爪，向腹面弯曲。松材线虫病又称松枯萎病，是一种毁灭性虫害。它是通过松墨天牛等媒介昆虫传播于松树体内，从而引发松树病害。被松材线虫感染后的松树，针叶黄褐色或红褐色，萎蔫下垂，树脂分泌停止，树干可观察到天牛侵入孔或产卵痕迹，病树整株干枯死亡，最终腐烂。

（3）松材线虫病：松材线虫病又称松树萎蔫病，是松树的一种毁灭性流行病。在我国，松褐天牛是它的主要传媒昆虫。致病力强，寄主死亡速度快；传播快，且常常猝不及防；一旦发生，治理难度大。

(4) 林业有害生物灾害：林业中因为有害的生物引起的自然灾害。

(5) 林业有害生物飞防：航空防治有害生物的灾害。

(6) 食叶害虫：食叶害虫是以叶片为食的害虫。主要危害健康植物，以幼虫取食叶片，常咬成缺口或仅留叶脉，甚至全吃光。少数种群潜入叶内，取食叶肉组织，或在叶面形成虫瘿，如粘虫、叶蜂、松毛虫等。由于多营裸露生活，其数量的消长常受气候与天敌等因素直接制约。这类害虫的真成虫多数不需补充营养，寿命也短，幼虫期为主要摄取养分和造成危害的虫期，一旦发生危害则虫口密度大而集中。又因真成虫能做远距离飞迁，故也是这类害虫经常猖獗为害的主因之一。幼虫也有短距离主动迁移危害的能力。某些种类常呈周期性大发生。

(7) 林业植物检疫：对林业植物进行检疫的工作。

(8) 森林病虫害防治：森林病虫害防治指对森林病害和虫害进行预防和防治的总称。

(9) 外来有害生物：本来该地区没有这种物种，但是通过某些途径进入了该生态系统，该系统中没有能与其相制衡的其他生物，这种物种失去了天敌后，导致其大量繁殖，超出了该生态系统的承受范围，使当地生态系统遭到破坏，这就是外来有害物种。

(10) 林业有害生物无公害防治：以森林培育技术措施为基础，以生物控制为核心，培育健康森林与稳定的森林生态系统，提高森林自控能，达到持续控灾的目的。

(11) 春尺蠖：春尺蠖为鳞翅目尺蛾科昆虫。危害沙枣、杨、柳、榆、槐、苹果、梨、沙柳等多种林、果树。春尺蠖以幼虫危害树木幼芽、幼叶、花蕾，严重时将树叶全部吃光，除危害杨树、榆树、胡杨外，还大量危害杏、枣、苹果、梨、核桃等经济林。此虫发生期早，幼虫发育快，食量大，常暴食成灾。轻则影响寄主生长，严重时则枝梢干枯，树势衰弱，导致蛀干害虫猖獗发生，引起林木大面积死亡。

(12) 有害生物入侵：在本地没有的且对当地有侵害的生物的入侵。

(13) 林业有害生物调运检疫：对调运物资进行有害生物的检疫工作。

(14) 林果有害生物：对于林果类的树种进行有害生物的检验。

(15) 薇甘菊：也称小花蔓泽兰或小花假泽兰。是菊科多年生草本植物或灌木状攀缘藤本。叶平滑至具多柔毛；茎圆柱状，有时管状，具棱；叶薄，淡绿色，卵心形或戟形，渐尖；茎生叶大多箭形或戟形，具深凹刻，近全缘至粗波状齿，或牙齿，长 4.0~13.0cm，宽 2.0~9.0cm。圆锥花序顶生或侧生，复花序聚伞状分枝；头状花序小，花冠白色，喉部钟状，具长小齿，弯曲；瘦果黑色，表面分散有粒状突起物；冠毛鲜时白色。

(16) 蜀柏毒蛾：毒蛾科柏毒蛾属的一种昆虫。喜欢食用新萌发的嫩叶，数量庞大时整棵树的叶片都被吃光，只留下光秃秃的枝条，造成树木成片枯死。体重大，触角栉齿状，翅发达。主要寄生于柏木、侧柏、桧柏。一年发生 2 代，以第二代卵和幼虫越冬。

(17) 松褐天牛：松褐天牛是危害松树的主要蛀干害虫，其成虫补充营养时要啃食嫩枝皮，造成寄主衰弱；幼虫钻蛀树干，致松树枯死。更为严重的是，松褐天牛是传播松树毁灭性病害——松材线虫（*Bursaphelench xylophilus*）病的媒介昆虫，被列为国际国内检疫性害虫。

（18）光肩星天牛：光肩星天牛黑色，带有光泽，长20~35mm，宽7~12mm；触角11节，基部蓝黑色；每个覆翅有约20个白斑。寄主为悬铃木、柳、杨树。危害特点为幼虫蛀食树干，危害轻的降低木材质量，严重的能引起树木枯梢和风折；成虫咬食树叶或小树枝皮和木质部。

（19）黄斑星天牛：鞘翅目天牛科昆虫。分布于黑龙江、吉林、辽宁、河北、北京、天津、青海、陕西、甘肃、宁夏、山西、内蒙古、江苏、安徽、山东、河南、湖北、贵州、新疆等省（自治区、直辖市）。是危害杨、柳、榆、槭、法国梧桐、沙枣、胡杨等树种的蛀干害虫。幼虫期蛀食韧皮部及形成层，钻入木质部危害。蛀道初为横行，斜向上方，后钻成直立的“L”形蛀道，互不穿透，外排有木屑及虫粪。

2.2.5 林业政策相关关键词集合——集体林权

（1）集体林权：集体所有制的经济组织或单位对森林、林木和林地所享有的占有、使用、收益、处分的权利。

（2）集体林权改革 ：在坚持集体林地所有权不变的前提下，依法将林地使用权和林木所有权落实到户，明晰山林权属，重新确定集体林地生产关系的措施。

（3）集体林权主体改革：对集体林权的主体进行改革。

（4）集体林权配套改革：对集体的林业产权进行配套的改革。

（5）集体林权确权：对集体林权进行权利的确认。

（6）林权抵押贷款：林权抵押贷款是指以森林、林木的所有权（或使用权）和林地的使用权，作为抵押物向金融机构借款。林权抵押贷款利率不超过基准利率的1.5倍。林权抵押贷款业务的创新之处在于，它打破了长期以来银行贷款抵押以房地产为主的单一格局，引入了林地使用权和林木所有权这一新型抵押物，使“沉睡”的森林资源变成了可以抵押变现的资产。

（7）林权抵押：林权抵押是指为担保债务的履行，林权人（从事林业种植、加工和经营的企业或个人）按照有关规定，将林业行政管理部门颁发的林权证载明的拥有或有权依法处分的林地承包经营权抵押给债权人，当债务人不履行到期债务或者发生当事人约定的实现抵押权的情形，债权人有权就该财产优先受偿。

（8）林权登记：林权登记是国家林业主管部门根据权利人的申请，将有关申请人因林业资源开发利用所产生的物权以及物权变动的事项记载于林权登记簿的事实，也称林权登记制度。

（9）森林保险：森林保险是指森林经营者（被保险人）按照一定的标准缴纳保险费以获得保险企业（保险人）在森林遭受灾害时提供经济补偿的行为。这种行为以契约形式固定下来，并受到法律的保护。投保可以是国有林业生产单位、集体所有制合作林场、林业股份制企业以及林业专业户、重点户等。

（10）林地承包经营权：指承包人依法对其承包的林地享有经营、使用和收益的权利。

（11）林业专业合作社：林业专业合作社是农民专业合作社的一种形式，是在集体林地、林木实行家庭承包经营的基础上，同类林产品的生产经营者或者同类林业生产经营服务的提供者、利用者，自愿联合、民主管理的互助性经济组织。

（12）林地使用权：对林地的使用的权利。

（13）政策性森林保险：政策性森林保险是指由政府对林业生产者提供保费补贴，保险公司根据保险合同，对被保险人在林业生产过程中因合同约定的原因造成的损失，承担赔偿保险金责任的保险活动。

（14）林业龙头企业：从事林业方面工作的带头模范企业。

（15）育林基金：是为保证森林采伐迹地及时更新和有计划地发展国营和集体造林事业，不断扩大森林资源而建立的专项基金。育林基金按照最高不超过林木产品销售收入的10%计征，具体征收标准由各省（自治区、直辖市）考虑林业生产经营单位和个人的经济承受能力核定。具备条件的地区可以将育林基金征收标准确定为零。

2.2.6 林业政策相关关键词集合——野生动物

（1）野生动物：所有非经人工饲养而生活于自然环境下的各种动物。

（2）濒危物种：指所有由于物种自身的原因或受到人类活动及自然灾害的影响而导致其野生种群在不久的将来面临绝灭的机率很高的物种。一个关键物种的灭绝可能破坏当地的食物链，造成生态系统的不稳定，并可能最终导致整个生态系统的崩解。

（3）野生动物驯养繁殖守则：①遵守国家和地方野生动物保护法律法规和政策；②用于驯养繁殖的水生野生动物来源符合国家规定；③建立驯养繁殖物种档案和统计制度；④定期向审批机关报告水生野生动物的生长、繁殖、死亡等情况；⑤不得非法利用其驯养繁殖的水生野生动物或其产品；⑥接受当地渔业行政主管部门的监督检查和指导。

（4）盗猎：以违法的方式私自狩猎的行为。

（5）自然保护区：自然保护区是指对有代表性的自然生态系统、珍稀濒危野生动植物物种的天然集中分布、有特殊意义的自然遗迹等保护对象所在的陆地、陆地水域或海域，依法划出一定面积予以特殊保护和管理的区域。

（6）野生动物非法贸易：对非法获得的野生动物进行买卖交易的行为。

（7）野生动物：野生动物是指珍贵、濒危的陆生、水生野生动物和有益的或者有重要经济、科学研究价值的陆生野生动物。

（8）野生动物养殖：按照法律法规规定，以驯养、观赏、肉和毛的利用、药用、食用动物进行的养殖活动。

（9）特许捕猎证：由国家法定机关颁发的，批准猎捕国家重点保护野生动物的证明文书。是对国家重点保护野生动物进行严格管理的措施。

2.2.7 林业政策相关关键词集合——森林公园

（1）森林公园：森林公园以大面积人工林或天然林为主体而建设的公园。天然公园有自然景观。森林公园除保护森林景色自然特征外，并根据造园要求适当加以整顿布置。公园内的森林，普遍采用抚育采伐和林分改造等措施，不进行主伐。可以开展森林旅游与喜悦休闲活动，并按法定程序申报批准的森林地域。森林公园是经过修整可供短期自由休假的森林，或是经过逐渐改造使它形成一定的景观系统的森林。森林公园是一个综合体，它具有建筑、疗养、林木经营等多种功能，同时，也是一种以保护为前提，利用森林的多种功能为人们提供各种形式的旅游服务的、可进行科学文化活动的经营管理区域。在森林公园里可以自由休息，也可以进行森林浴等活动。

（2）森林公园管理办法：森林公园管理办法在 1994 年 1 月 22 日林业部令第 3 号公布，2011 年 1 月 25 日国家林业局令第 26 号修改，2016 年 9 月 22 日国家林业局令第 42 号修改。自公布之日起施行。

（3）国家级森林公园：指森林景观特别优美，人文景物比较集中，观赏、科学、文化价值高，地理位置特殊，具有一定的区域代表性，旅游服务设施齐全，有较高的知名度，可供人们游览、休息或进行科学、文化、教育活动的场所。

（4）省级森林公园：仅次于国家级森林公园的公园形式，森林景观优美，人文景物相对集中，观赏、科学、文化价值较高，在本行政区内具有代表性，具备必要的旅游服务设施，有一定的知名度的场所。

（5）湿地公园：湿地公园（wetland park）是指以水为主题的公园。以湿地良好生态环境和多样化湿地景观资源为基础，以湿地的科普宣传教育、湿地功能利用、弘扬湿地文化等为主题，并建有一定规模的旅游休闲设施，可供人们旅游观光、休闲娱乐的生态型主题公园。湿地公园是具有湿地保护与利用、科普教育、湿地研究、生态观光、休闲娱乐等多种功能的社会公益性生态公园。

（6）森林公园旅游收入：通过游览森林公园得到的旅游收入。

（7）国家湿地公园：是指经国家湿地主管部门批准建立的湿地公园。这一概念主要使用于我国。湿地公园是以具有显著或特殊生态、文化、美学和生物多样性价值的湿地景观为主体，具有一定规模和范围，以保护湿地生态系统完整性、维护湿地生态过程和生态服务功能并在此基础上以充分发挥湿地的多种功能效益、开展湿地合理利用为宗旨，可供公众游览、休闲或进行科学、文化和教育活动的特定湿地区域。

（8）森林旅游业：在林区内依托森林风景资源发生的以旅游为主要目的的多种形式的野游活动行业。

（9）森林公园免费开放：对森林公园进行无偿的对外开放进行游览。

（10）森林人家："森林人家"是阳江森林人家实业有限公司旗下品牌，成立于 2011 年 5 月。森林人家的创立在于将国外先进的户外生活理念带回中国，传播海外烧烤文化，带给国内人民更多乐趣的生活休闲方式，并让中国消费者亦能享用到高品质的户外用品。

（11）森林公园空气负离子：在森林公园中，当自由电子与其他中性气体分子结合后，就形成带负电荷的空气负离子，即空气负离子。

（12）森林公园建设用地：进行森林公园建设的应用土地。

（13）森林公园征占用林地：征用占用土地进行森林公园的建设。

2.2.8 林业政策相关关键词集合——防沙治沙

（1）防沙治沙：防治沙尘，维护我国的生态安全、促进经济和社会的可持续发展。

（2）沙化土地：指各种气候条件下，由于各种因素形成的地表呈现以沙物质为主要标志的退化土地。沙化土地包括已经沙化的土地和具有明显沙化趋势的土地。具体范围由国务院批准的全国防沙治沙规划确定。

（3）林草植被：林业中草地和植被。

（4）防风固沙林：是指通过降低风速、防止或减缓风蚀、固定沙地，以及保护耕地、果园、经济作物、牧场免受风沙侵袭为主要目的的森林、林木和灌木林。

（5）“三北”防护林：“三北”防护林工程是指在中国“三北”地区（西北、华北、东北）建设的大型人工林业生态工程。中国政府为改善生态环境，于1979年决定把这项工程列为国家经济建设的重要项目。工程规划期限为70年，分7期工程进行。目前正式启动第五期工程建设。

（6）防风固沙：指干旱、半干旱地区为了保持水土，防止沙尘暴等恶劣天气而进行的一种生态建设活动。

（7）灌草群落：是指以中生或旱中生多年生草本植物为主要建群种，但其中散生灌木的植物群落。它广泛分布于中国温带、亚热带及热带地区。除特殊环境下（如海滨）为原生类型外，大部分是森林、灌丛被砍伐，导致水土流失，土壤日趋瘠薄，环境趋于干旱化所形成的次生类型。

（8）沙障：又称机械沙障、风障。是用柴草、秸秆、黏土、树枝、板条、卵石等物料在沙面上做成的障蔽物，是消减风速、固定沙表的有效的工程固沙措施。主要作用是固定流动沙丘和半流动沙丘。

（9）石漠化：是指在热带及亚热带湿润、半湿润气候条件和岩溶极其发育的自然背景下，受人为活动干扰，使地表植被遭受破坏，导致土壤严重流失，基岩大面积裸露或砾石堆积的土地退化现象，也是岩溶地区土地退化的极端形式。

（10）速生丰产林：是以培育用材为目标，生长快、产量高、质量好、轮伐期短的集约经营人工林，主要是要培育大径材。不同的树种有不同的速生丰产林培育标准。我国已出台杉木、湿地松等树种的速生丰产林培育标准，杨树、马尾松、火炬松速生丰产林培育标准也已制定。杉木、湿地松速生丰产林每年每亩平均蓄积量要达到 $0.7m^3$ 以上，杨树、泡桐、桉树要达到 $1m^3$ 以上。

2.2.9 林业政策相关关键词集合——林木种苗

（1）林木种苗：包括播种育苗技术、营养繁殖育苗技术、移植苗和大苗的培育以及育苗新技术。

（2）林木种苗质量：指播种育苗、营养繁殖育苗、移植苗和大苗的培育的质量。

（3）林木良种：指通过审定的林木种子，在一定的区域内，其产量、适应性、抗性等方面明显优于当前主栽材料的繁殖材料和种植材料。

（4）种苗行政执法：对林木种苗行政执法和质量进行行政手段的监督。

（5）林木种苗检验员：对于林业种苗的质量进行检验的专业工作人员。

（6）林木种苗生产经营许可证：主要农作物和主要林木的商品种子生产实行许可制度的法律凭证。

（7）林木良种补贴：国家对林木良种进行培育的工作人员进行现金上的补贴。

（8）林木良种使用率：是指直播造林使用良种的面积占直播造林总面积的百分比，该指标说明了在优良树木品种种子的应用情况，它将关系到成林质量和林地的生产力的发挥。

（9）林木种苗管理站：是开展林木种子、种苗生产经营监管，促进林业发展，受主管部门委托，依法管理林木种子、种苗质量和生产经营活动，负责林木引种和种质资源管理的部门。

（10）林木种子贮备：对林业种子进行提前的贮藏储备。

（11）园林绿化：在一定的地域运用工程技术和艺术手段，通过改造地形（或进一步筑山、叠石、理水）种植树木花草、营造建筑和布置园路等途径创作而成的美的自然环境和游憩境域就称为园林绿化。园林包括庭园、宅园、小游园、花园、公园、植物园、动物园等，随着园林学科的发展，还包括森林公园、风景名胜区。

（12）其他林地：自然保护区或国家公园的游览区以及休养胜地。

（13）乡土树种：指本地区天然分布树种或者已引种多年且在当地一直表现良好的外来树种，如泓森槐、柏树、松树等。

（14）珍贵树种：珍贵树种是属于我国特产、稀有或濒于灭绝的树种以及目前虽有一定数量，但已逐渐减少的优良树种的统称。

（15）林木种苗供求信息：林木种苗是林业生态和林业产业的物质基础，其数量、品种、规格关系着林业建设质量。

2.3 国内外相关研究综述

随着互联网的日益普及，以及数字媒体的广泛使用，网络信息内容多、易获取、可交互等多元化的优点逐渐凸显，许多用户在改变自身阅读方式的同时，也开始从网络来获取信息，进行信息的发布和传播。影响力分析技术在社会学、通信学、经济学、政治科学等领域被广泛研究，影响力分析技术在市场营销与社会运作，例如在时装推广与政治选举中起着重要作用。1955 年，Katz 等人通过对美国总统选举时选民投票意向的研究，提出了两级传播理论，发现了个体影响力的差异性，小部分“意见领袖”（opinion leaders）或者“影响力个体”影响着大部分普通民众。1962 年，Rogers 等人定义了“影响力个体”（influentials 或者 influencers）即擅长说服其他人的个体。影响力个体通常包括 4 个特点：①

容易将自己的观点传达给其他人；②代表大多数普通人的观点；③具有新颖的观点；④意见领袖（opinion leaders，也被称为舆论领袖）、扩散创新理论的革新者（innovators）、网络中心（hubs）、网络桥节点（connectors）、专家（mavens）等。2003年，Berry定义了社会影响力（social influence）即个人的行为能够直接或者间接地影响他人的想法、感情以及行动。2012年，Aggarwal定义了社会网络中的影响力（influence），即受到网络中其他用户的影响而导致个人行为的改变，影响力在社会网络中是个普遍的现象。

社交媒体中的内容影响力应基于短文本建模，尤其是在微博（MicroBlog）环境下进行分析。在社交媒体研究领域诸多学者参考了已有的模型与指标，以试图评价特定信息内容在Twitter、Facebook等覆盖面较广的社交网络中会获得何种水平的流行度。Kim等学者构建了包含爆炸性、热度、温和等不同程度的博客文章热度量表（temperature scale），并抓取了文章点击率数据，以饱和状态的点击率（hit count of saturated point）预测博客文章未来的流行度。McCallum基于LDA的模型框架提出了一个新的内容分析模型，用于在社交媒介中发掘小组并同时提取内容主题。Tatar也认同了用户参与的记录在预测信息流行度中的重要性。除常见的Twitter、Facebook、Flickr等社交媒体以外，Lerman和Togg以网上新闻类社交媒体Digg为目标对象，研究了新闻受关注度随发布时间的变化走势以及影响因素。

在网络学术影响力方面，1976年，为了提供每篇论文平均多长时间被引用、发文数量和期刊多久被引用这几项数据，ISI期刊引证报告（journal citation report，JCR）横空出世。JCR不仅成功地解决了这些数据难以获取的问题，同时也提供了源刊相应的参考文献。加菲尔德（Garfield E）在20世纪中期提出被引频次对于期刊评价的学术意义。在之后的20年中，由于考虑到被引频次的不足之处，于1972年再次提出用以评价期刊影响力的指标。Saito等人研究表明：用户对主题信息的偏好程度有所区别，信息的传播过程因主题而异。文献别出心裁的将主题考虑到影响力最大化问题中，得出了传播过程因主题信息而异的结果。

在网络影响力方面，吴茵茵通过对网络影响因子的计算方法进行改进，强调外部网络影响因子是网站网络影响力的重要因素，介绍了外部网络影响因子对网站的影响力进行评估并提出建设性意见。同时，利用外部网络影响因子和总体网络影响因子，对中国14所大学网站的影响力进行定量分析和对比分析，并通过引入链接效率对两种网络影响因子的有效性进行回归分析，结果表明，外部网络影响因子能够比总体网络影响因子更为有效和客观地评价网站的影响力。任景华对网络影响力进行研究，给出网络影响力的定义的发展过程，提出网络媒体影响力具体表现为网站的人气指数、网民的忠诚度及黏着性，网络影响因子是评估网络媒体影响力的重要指标。最后强调，在今天网络影响力不断增强的趋势下，加强对网络媒体的引导和管理是不可缺少的。顾东蕾等人根据中华人民共和国知识产权局网站上“相关链接”中的“国外主要知识产权网站”得到94个官方专利网站。以Google为搜索工具，得到相关网站的9个链接分析指标，如总连接数、外部链接数等。通过对这些指标数据进行分类处理与综合分析，得出全球官方专利网站的网络影响力综合关联排序，并依据所得数据的处理结果通过指标关联度对链接指标与链接分析工具做了讨论，得出结论：①网站的评价不仅要从网站的设计风格、网站建设的内容等方面考虑，而且还需要一种定量的方法来加以评价，这样会更加客观，更加有说服力；②对于不同检索工具（Google、Alta Vista 和 Alltheweb）得出的结果还需进一步考证和比较；③Alexa 排名是目前常引用的用来评价某一网站访问量的一个指标。

根据国内外文献，发现国外在网络影响力方面的研究远远比国内先进，开始研究的时间也比较早，国内研究的内容还主要是以对国外相关研究的一种总结、综述和应用，并没有更深层次的研究。目前，国内的研究更多的是单个搜索引擎、学术、社交的影响力，很少考虑在以主题词为搜索对象来研究其在搜索引擎、社交和学术方面的综合影响力，关于林业政策在国内网络的影响力的相关研究并不多见。鉴于此，书中选用关键词作为反映林业政策的入口参数，即用关键词的网络影响的广度和深度来反映林业政策的网络影响强度。

2.4 评价模型概述及选取

2.4.1 层次分析法

层次分析法（the analytic hierarchy process，简称 AHP），在 20 世纪 70 年代中期由美国运筹学家托马斯·塞蒂（T. L. Satty）正式提出。它是一种定性和定量相结合的、系统化、层次化的分析方法。由于它在处理复杂的决策问题上的实用性和有效性，很快在世界范围得到重视。它的应用已遍及经济计划、管理、能源政策和分配、行为科学、军事指挥、运输、农业、教育、人才、医疗、环境等领域。通过选取的指标可以看出这是一个多目标的且问题涉及到许多因素，各种因素的作用相互情况复杂。依据层次分析法处理这类复杂的问题就需要对所涉及的因素指标进行分析：哪些是需相互比较的；哪些是需相互影响的。把那些需相互比较的因素归成同一类，构造出一个各因素类之间相互联结的层次结构模型。各因素类的层次级别由其与目标的关系而定。

层次分析法的基本步骤如下：

（1）建立层次结构模型：在深入分析实际问题的基础上，将有关的各个因素按照不同属性自上而下地分解成若干层次，同一层的诸因素从属于上一层的因素或对上层因素有影响，同时又支配下一层的因素或受到下层因素的作用。最上层为目标层，通常只有一个因素，最下层通常为方案或对象层，中间可以有一个或几个层次，通常为准则或指标层。当准则过多时（譬如多于 9 个）应进一步分解出子准则层。

（2）构造成对比较阵：从层次结构模型的第 2 层开始，对于从属于（或影响）上一层每个因素的同一层诸因素，用成对比较法和 1~9 比较尺度构造成对比较阵，直到最下层。

（3）计算权向量并做一致性检验：对于每一个成对比较阵计算最大特征根及对应特征向量，利用一致性指标、随机一致性指标和一致性比率做一致性检验。若检验通过，特征向量（归一化后）即为权向量，若不通过，需重新构造成对比较阵。计算组合权向量并做组合一致性检验。计算最下层对目标的组合权向量，并根据公式做组合一致性检验，若检验通过，则可按照组合权向量表示的结果进行决策，否则需要重新考虑模型或重新构造那些一致性比率较大的成对比较阵。

该方法通过评价指标优化归类的手段，降低了数据需要定量化的数量，但正是因为运用这种手段，在指标选取方面会产生较大随意性。

2.4.2 灰色关联分析体系

对于两个系统之间的因素随时间或对象不同而变化的关联性大小的量度，称为关联度。在系统发展过程中，若两个因素变化的趋势具有一致性，即同步变化程度较高，即可谓二者关联程度较高；反之，则较低。因此，灰色关联分析方法，是根据因素之间发展趋势的相似或相异程度，亦即“灰色关联度”，作为衡量因素间关联程度的一种方法。灰色系统理论提出了对各子系统进行灰色关联度分析的概念，意图透过一定的方法，去寻求系统中各子系统（或因素）之间的数值关系。因此，灰色关联度分析对于一个系统发展变化态势提供了量化的度量，非常适合动态历程分析。

灰色关联分析体系的计算步骤如下：

（1）确定反映系统行为特征的参考数列和影响系统行为的比较数列：反映系统行为特征的数据序列，称为参考数列。影响系统行为的因素组成的数据序列，称比较数列。

（2）对参考数列和比较数列进行无量纲化处理：由于系统中各因素的物理意义不同，导致数据的量纲也不一定相同，不便于比较，或在比较时难以得到正确的结论。因此在进行灰色关联度分析时，一般都要进行无量纲化的数据处理。

（3）求参考数列与比较数列的灰色关联系数 ξ（Xi）：所谓关联程度，实质上是曲线间几何形状的差别程度。因此曲线间差值大小，可作为关联程度的衡量尺度。对于一个参考数列 $X0$ 有若干个比较数列 $X1$，$X2$，…，Xn，各比较数列与参考数列在各个时刻（即曲线中的各点）的关联系数 ξ（Xi）可由下列公式算出：其中 ρ 为分辨系数，一般在 0~1 之间，通常取 0.5。第二级最小差，记为 Δmin。两级最大差，记为 Δmax。各比较数列 Xi 曲线上的每一个点与参考数列 $X0$ 曲线上的每一个点的绝对差值，记为 Δoi（k）。

所以关联系数 ξ（Xi）也可简化如下列公式：

$$\xi oi=\frac{\Delta(\min)+\rho\Delta(\max)}{+\Delta oi(k)\ \rho\Delta(\max)}$$

（4）求关联度：因为关联系数是比较数列与参考数列在各个时刻（即曲线中的各点）的关联程度值，所以它的数不止一个，而信息过于分散不便于进行整体性比较。因此有必要将各个时刻（即曲线中的各点）的关联系数集中为一个值，即求其平均值，作为比较数列与参考数列间关联程度的数量表示，关联度公式如下：

$$r_i=\frac{1}{N}\sum_{k=1}^{N}\xi_i(k)$$

该方法非常适用于系统动态历程分析，但是指标分辨系数的确定带有一定主观性，导致最终结果会与客观事实存在差异。

2.4.3 DEA 评价体系

数据包络分析（data envelopment analysis，简称 DEA）是著名运筹学家 A. Charnes 和 W. W. Cooper 等学者在“相对效率评价”概念基础上发展起来的一种新的评价技术。

DEA 方法的适用对象是一组同类型的决策单元（decision making units，简称 DMU）。所谓 DMU，是指代表或表现出一定的经济意义，将一定“输入”转化为一定“输出”的实体。DEA 方法的最主要应用就是根据输入/输出数据对同类型的 DMU 进行相对有效性的评价。

项目中评价也完全可以借鉴和使用 DEA 方法。根据前面建立的聚类评价模型，把项目工作单元视为一个 DMU，把聚类后的工作单元视为一组同类型的 DMU，在此基础上对同类型的工作单元进行相对有效性的评价。

（1）确定评价目的：应用 DEA 方法进行项目中评价的目的，在于评价项目同类型工作单元的相对有效性，通过横向比较，可以发现项目执行中哪些工作做得好，而哪些工作又做得不好。不难看出，这里的关键问题在于我们能够把进行项目中评价所必需的信息与 DEA 的基本概念如“相对有效”“有效生产前沿面”“DMU 在前沿面上的投影”等有机地联系在一起，或者说，能够把这些概念“翻译”或“变换”成项目中评价所必需的信息。要做到这一点，除了要求对 DEA 的基本概念的背景、意义有深入和准确的把握，特别重要的还要求我们能将评价目的 DEA 模型化，即通过适当的 DEA 模型来描述项目中评价的目的。

（2）选择 DMU：选择 DMU 就是确定参考集。由于 DEA 方法是在同类型的 DMU 之间进行相对有效性的评价，因此选择 DMU 的一个基本要求就是 DMU 的同类型。所谓同类型的 DMU，一般指符合以下 3 个条件的 DMU 集合：①具有相同的目标或任务；②具有相同的外部环境；③具有相同的输入/输出指标。在项目中评价中，可以应用前面所建立的中评价聚类评价模型，对经由 WBS 分解的各工作单元进行如上的聚类分析，把聚成一类的工作单元作为同类型的 DMU。

（3）建立输入/输出指标体系：第一，要考虑到能够实现评价目的，也就是说输入向量与输出向量的选择要服从于评价目的。例如，评价目的是“一类项目工作单元的组织效率”，可以设立如下的指标—输入指标：①流动资金投入；②固定资产投入；③人工工资，输出指标：①赢得值；②实际进度/计划进度比率；③实际费用/计划费用比率。相比之下，在这里，项目的质量指标、安全指标等均未选入，主要就是这些指标难以表现评价目的。第二，要考虑到输入向量、输出向量之间的联系。由于 DMU 各输入与各输出之间往往不是孤立的，因此某些指标被确认为输入或输出后，会对其他指标的认定产生影响。例如，某指标与几个已确定作为输入/输出向量的指标之间呈现较强的相互关系，可以认为该指标的信息已在很大程度上被这几个指标所包含。因此就不一定再把它作为一个输入/输出指标了。另外，输入/输出集内部的指标要尽可能避免有较强的线性关系。

（4）DEA 模型的选择：DEA 模型有多种形式，在应用 DEA 方法进行项目中评价时，究竟该选哪一种模型，一要看 DMU 的实际背景，二要看评价目的。另外，为了得到不同侧面的评价信息，在可能情况下，尽量选用不同类型的 DEA 模型进行分析，再把分析结果相互比较和综合，无疑会使评价工作更全面、更准确。

DEA 方法主要用来研究决策单元的多输入多输出的相对有效的绩效评价的使用方法，因此使用这一方法时也存在一些缺陷。

2.4.4 模糊综合评价体系

模糊综合评价法是一种基于模糊数学的综合评标方法。该综合评价法根据模糊数学的隶属度理论把定性评价转化为定量评价，即用模糊数学对受到多种因素制约的事物或对象做出一个总体的评价。它具有结果清晰，系统性强的特点，能较好地解决模糊的、难以量化的问题，适合各种非确定性问题的解决。

为了便于描述，依据模糊数学的基本概念，对模糊综合评价法中的有关术语定义如下。

(1) 评价因素 (f)：系指对招标项目评议的具体内容。为便于权重分配和评议，可以按评价因素的属性将评价因素分成若干类，把每一类都视为单一评价因素，并称之为第一级评价因素 (f1)。第一级评价因素可以设置下属的第二级评价因素，第二级评价因素可以设置下属的第三级评价因素 (f3)，依此类推。

(2) 评价因素值 (fv)：系指评价因素的具体值。

(3) 评价值 (e)：系指评价因素的优劣程度。评价因素最优的评价值为 1（采用百分制时为 100 分）；欠优的评价因素，依据欠优的程度，其评价值大于或等于零、小于或等于 1（采用百分制时为 100 分），即 $0 \leqslant e \leqslant 1$（采用百分制时 $0 \leqslant e \leqslant 100$）。

(4) 平均评价值 (ep)：系指评标委员会成员对某评价因素评价的平均值。

平均评价值 (ep) = 全体评标委员会成员的评价值之和÷评委数

(5) 权重 (w)：系指评价因素的地位和重要程度。

第一级评价因素的权重之和为 1，每一个评价因素的下一级评价因素的权重之和为 1。

(6) 加权平均评价值 (epw)：系指加权后的平均评价值。

加权平均评价值 (epw) = 平均评价值 (ep) ×权重 (w)。

(7) 综合评价值 (ez)：系指同一级评价因素的加权平均评价值 (epw) 之和。综合评价值也是对应的上一级评价因素的值。

该方法是基于模糊数学的综合评价方法，主要应用了模糊数学中的隶属度理论，但在对指标进行模糊化处理时会发生有用信息丢失的现象。

2.4.5 熵权法介绍

(1) 熵：1850 年，德国物理学家鲁道夫·克劳修斯首次提出熵的概念，用来表示任何一种能量在空间中分布的均匀程度，能量分布得越均匀，熵就越大。一个体系的能量完全均匀分布时，这个系统的熵就达到最大值。在克劳修斯看来，在一个系统中，如果听任它自然发展，那么，能量差总是倾向于消除的。

熵（s）是体系的状态函数，其值与达到状态的过程无关，有如下关系式：

$$dS = dQ/T。$$

系统的熵值直接反映了它所处状态的均匀程度，系统的熵值越小，它所处的状态越是有序，越不均匀；系统的熵值越大，它所处的状态越是无序，越均匀。系统总是力图自发地从熵值较小的状态向熵值较大（即从有序走向无序）的状态转变，这就是隔离系统“熵值增大原理”的微观物理意义。在隔离或绝热条件下，系统进行自发过程的方向总是熵值增大的方向，直到熵值达到最大值，此时系统达到平衡状态。每当自然界发生任何事情，一定的能量就被转化成了不能再做功的无效能量。

（2）信息熵：1948 年，香农（Shannon）在 *Bell System Technical Journal* 上发表了《通信的数学原理》（A Mathematical Theory of Communication）一文，将熵的概念引入信息论中。香农指出，任何信息都存在冗余，冗余大小与信息中每个符号（数字、字母或单词）的出现概率或者说不确定性有关。Shannon 借鉴了热力学的概念，把信息中排除了冗余后的平均信息量称为“信息熵”，并给出了计算信息熵的数学表达式。

信息的基本作用就是消除人们对事物的不确定性。信息熵是信息论中用于度量信息量的一个概念。一个系统越是有序，信息熵就越低；反之，一个系统越是混乱，信息熵就越高。所以，信息熵也可以说是系统有序化程度的一个度量。

（3）熵权法：确定权重的方法主要有主观赋权法和客观赋权法两大类，主观赋权法与专家的知识层次和经验积累及偏好密切相关；客观赋权法与评价数据的内在特征紧密相关，避免因人为认识的差别而对评价结果造成影响。

根据以上对信息熵的阐述，可用信息熵评价所获信息的有序度及其效用，即由评价指标值构成的判断矩阵确定各评价指标的权重，尽量消除各指标权重计算的人为干扰，使评价结果更符合实际。

一般来说，在综合评价中，当各评价对象的某项指标值相差越大时，信息熵越小，说明该指标提供的有效信息量越大，该指标的权重也越大，反之，该指标的权重越小。当各被评价对象的某项指标值完全相同时，信息熵达到最大，这就说明该指标对于评价而言不能提供有效信息，即意味着该指标未向决策提供任何有用的信息，可以从评价指标体系中除去。因此，可以根据各评价对象指标值所提供的信息情况，利用信息熵计算出各指标的权重——熵权，从而克服了凭经验确定指标权重的弊端。所以，熵权理论是一种客观赋权方法，是一种在综合考虑各因素提供信息量的基础上计算一个综合指标的数学方法。

2.5 林业政策关键词在网络影响力分析

2.5.1 林业政策关键词总影响力分析

随着决策科学的迅速发展，各种为解决复杂问题的数学模型及计算机决策支持系统也应运而生，如图解建模法、量纲分析法、层次分析法、概率统计法、模糊数学法等。然而现实生活中的决策问题是很难用定量模型来分析的，因为有大量的定性化因素穿插交织在复杂的决策问题之中，往往需要人们凭经验、阅历和知识进行判断决策，这就需要人们开始寻求一种在理论上科学合理方法。在确定权重时广泛采用的层次分析法取值过于主观，往往忽略评价指标实际取值的影响。因此，为避免人为因素的影响，本书中采用熵权法来确定权重。本节主要是研究林业政策在国内的网络影响力，结合我国网络涉及的公共搜索领域、社交领域、学术领域等多方面的特征，利用系统工程的理论和方法，设计出公共搜索领域、社交领域、学术领域的网络影响力评价体系，并且运用熵权法确定各评价指标的权重，建立林业政策在国内网络影响力评价模型。最后，基于此模型，采用定性评价与定量评价相结合的研究方法对林业政策在国内网络影响力做测评，得出林业政策在国内网络影响力综合指数，同时采用对比研究，对关键词在公共搜索领域、社交领域和学术领域的影响力进行对比分析，发现它们的差异，并分析差异产生的原因，从而对林业政策在国内网络影响力有一个更加全面的认识。

（1）评价指标体系构建：在考虑到原始数据可获取性的基础上，根据熵权法的网络影响力评价模型。涉及网络影响力指标有三大类，结合我国的特点，把指标归纳为搜索影响力指标、学术影响力指标和社交影响力指标，在每个指标下面又有更为详细的指标，从而建立一个三级层次评价指标体系模型。根据上述研究，将林业政策的网络影响力指标体系作为目标层，将搜索影响力指标等作为一级指标，将百度指数、学术搜索等作为选择的二级指标，建立林业政策的网络影响力指标结构模型（表 25）。

表 25 评价指标及权重表

	一级指标	二级指标	度量方法
网络综合影响力	搜索影响力（0.24）	百度指数	搜索指数、媒体指数、需求图谱、人群属性
	社交影响力（0.5）	微博/博客	微博数、粉丝数、收藏数、用户的互粉数、微博的转发数、评论数、表态数
	学术影响力（0.26）	学术搜索	在中国学术期刊全文数据库收录的所有期刊中检索条件与林业政策相关的155个关键词

（2）林业政策网络影响力综合值测算计算公式与步骤：林业政策网络影响力是搜索影响力、社交影响力、学术影响力共同综合定量来刻画的。

构建林业政策网络影响力的一般过程如下：设立综合评价指标体系；将各不同单位表示的指标无量纲化；确定各项评价指标的权重；利用熵权法合成评价指标。

综合值的计算步骤如下：

第一步，对原始数据表的每一列数据（表示各个年份某个指标的所有统计数据），确定一个满意值 $x_{i好}$ 和不允许值 $x_{i差}$。

对越大越好型指标（即正项指标），选取这些统计数据中的最大值作为满意值，相应的最小值作为不允许值；对于越小越好型指标（即负向指标），选取这些统计数据中的最小值作为满意值，最大值作为不允许值。

第二步，把指标原始数据表中的数据标准化。

把表中第 j 列数据 x_{ij}，$i=1, 2, L, n$，即第 j 个指标对应的所有数据（各个地区和全国各个历史年份的第 j 个指标的数据）化为标准数据 y_{ij}，$i=1, 2, L, n$。

计算公式为：

$$y_{ij}=\frac{x_{ij}-x_{i差}}{x_{i好}-x_{i差}}$$

其中 $x_{i好}$，$x_{i差}$ 分别为第 j 个指标的满意值和不允许值。

第三步，计算第 j 个指标的信息效用价值 h_j，$j=1, 2, L, s$。

对标准化后的第 j 列数据 y_{ij}，$i=1, 2, L, n$。

由公式 $h_j=1+\frac{\sum_{i=1}^{n}Y_{ij}\ln Y_{ij}}{\ln n}$ 得到第 j 个指标的信息效用价值 h_j。

其中，$Y_{ij}=\frac{y_{ij}}{\sum_{i=1}^{n}Y_{ij}}$，$i=1, 2, L, n$。

第四步，计算第 j 个指标的权重，w_j，$j=1, 2, L, s$，其中 s 为状态指标的个数。

指标权重的计算公式为：

$$w_j=\frac{h_j}{\sum_{j=1}^{s}h_j}$$

其中 s 为状态指标的个数。

第五步，计算各年份综合值 I_z

每一行数据（如第 i 行数据 y_{ij}，$j=1, 2, L, s$）以及上面计算出的各指标权重 w_j 求对应指标对应年份的综合值 I_z。

计算公式为：

$$I_z=\sum_{j=1}^{s}w_j y_{ij}$$

其中 s 为指标的个数，w_j 为第 j 个指标的权重，y_{ij}，$j=1, 2, L, s$ 为标准化指标数据。

（3）林业政策网络影响力综合评估值结果分析：在以大数据为背景的互联网下，人们在各个主题下沟通交流和建立联系，形成了具有较高影响力的用户。选取搜索领域、社交领域、学术领域网络为研究对象，在基于林业政策为主题的网络中，进行影响力评价（表26）。

表 26　2009—2015 年林业政策网络影响力综合评估值

	2009	2010	2011	2012	2013	2014	2015	权重
搜索领域	1	1	1	0.9985	0.9992	1	1	0.241428
学术领域	0.0171	0.0115	0.0081	0.0066	0.0047	0.0028	0.0013	0.25622
社交领域	2.92E-06	0.0025	0.0038	0.0068	0.0126	0.0142	0.0071	0.502352
总的影响力	0.013002	0.085722	0.205786	0.214563	0.341479	0.472992	0.936896	

从指标权重分配来看，可以知道社交影响力所占的权重较高，而搜索影响力和学术影响力的权重较小。这说明社交网络影响力在网络综合影响力中的作用高于搜索影响力和学术影响力。

从网络综合影响力评价结果来看，2009 年搜索引擎位列第一，学术位列第二，社交位列第三，2015 年社交反超学术位列第二，搜索引擎仍位居第一。虽然社交网络在公众影响力方面不及搜索引擎网络，存在一定差距，但社交网络的影响力正在逐渐增加，学术影响力反而呈现下降趋势。这是因为在新媒体时代，当前普及程度很高的微博、微信等社交网络媒体彻底改变了传统媒体的单向灌输式传播模式，也打破了以往以精英文化为基础的内容产生模式，网民在互联网中既是信息接收者，也是信息的发布者，再加之互联网信息传播速率高，互动性强，影响范围广，并具有匿名性等特点，使得社交网络平台在网络中的综合影响力地位得到提升。因此，林业行业可以借助社交网络媒体在传播能力和信息深化等方面的优势，扩大社交平台辐射范围，吸引更多受众关注，继而提高林业政策的网络影响力。

（4）林业政策关键词网络影响力分析：依据熵权法的基本原理，如果某个指标的熵越小，就表明其指标值的变异程度越大，提供的信息量越大，在综合评价中所起的作用也越大，其权重就应越大。由此可通过分析林业政策指标的权重来探析影响其网络影响力的主要原因（表 27）。

表 27　2009—2015 年林业政策相关的 155 个关键词词频及权重

关键词	2009 年	2010 年	2011 年	2012 年	2013 年	2014 年	2015 年	权重
三北防护林	4321.001	4809.001	6492.001	6278.001	7435.001	8306.001	14 607	0.0066
乡土树种	4668.001	5676.001	7706.001	7100.001	7617.001	10 764	17 904	0.0064
二类调查	572 076	588 106	802 146	280 217	286 202	288 276	461 182	0.0079
京津风沙源治理	637.001	1055.001	1356.001	1606.001	11 942	13 908	10 943	0.0088
光肩星天牛	709.001	590	623	888	955	1253	1707	0.0071
占用征收林地	840.002	1370.002	1825	1572	1683	2294	5007	0.0061
占用林地	3078.001	5032.001	6556.001	5321.001	6273.001	8231.001	17 903	0.0062
厚朴	32 242	44 081	64 587	62 932	91 678	122 357	235 399	0.0070
商品林	613 333	432 371	648 366	457 312	446 535	637 460	381 388	0.0048
园林绿化	12 273	152 511	207 765	219 173	184 522	323 712	339 615	0.0028
国家湿地公园	57 168	73 186	94 993	92 214	128 181	152 252	230 249	0.0056
国家级森林公园	69 130	106 041	149 039	154 040	217 040	334 045	265 060	0.0044
国有林区	41 621	57 434	90 582	93 416	118 213	150 212	411 683	0.0082
国有林区改革	22 808	31 109	527 002	56 704	73 106	101 102	161 389	0.0106
国有林场	3482.001	5315.001	10 068	15 976	16 815	14 124	35 505	0.0056
国有林场危旧房	167.002	390	823	1007	1003	1058	3687	0.0068

（续）

关键词	2009 年	2010 年	2011 年	2012 年	2013 年	2014 年	2015 年	权重
国有林场基础设施	671.001	1191.001	2031.001	2431.001	2275	3394.001	8837	0.0070
国有林场富余职工	41.001	56.002	152.001	218.002	129.002	163.002	623.001	0.0080
国有林场改革	1379.001	2279.001	4012.001	4603.001	5046.001	7039.001	21 450	0.0082
国有林场棚户区改造	115.001	275.001	551.001	463.001	705.001	831	2154.001	0.0064
夏季森林防火	1511.001	2441.001	3126.001	3251.001	3802	8996	21 634	0.0100
外来有害生物	6910.001	8576.001	10 977	11 273	17 059	18 759	26 581	0.0055
天然林保护	85 107	126 463	162 488	174 393	416 354	234 884	244 384	0.0049
实木家具	82 152	123 046	190 064	338 057	288 076	303 079	314 045	0.0037
巡山守卡	2.001	10.001	12	10	26	30	45	0.0049
巡山护林	297.001	414.001	639.001	702.001	962	1968	3683	0.0086
征占用林地	1042.001	1925	2348	1929	2199	2688	5162	0.0047
扑火队	22 605	32 101	46 224	63 517	112 067	180 263	214 182	0.0068
护林员	4664.001	7116.001	8647.001	9466.001	12 844	15 838	31 855	0.0065
改变林地用途	1412.001	2140.002	2800.002	2342.001	3449	4826	8713	0.0065
政策性森林保险	13 916	26 819	46 340	52 483	80 383	89 538	162 123	0.0053
春季森林防火	1988.001	3143.001	4175.001	3667.001	3837.001	5563.001	15 652	0.0082
春尺蠖	752.001	837.001	1213	1160	2010	2091	3263	0.0067
有害生物入侵	5476.001	6091.001	8268.001	8564.001	10 422	13 576	22 719	0.0071
木地板	17 334	292 273	265 238	278 222	288 234	295 241	303 256	0.0021
木材加工	94 804	134 202	165 230	177 223	73 158	109 251	163 782	0.0037
木材进口	25 164	37 465	50 368	54 562	101 085	148 092	373 589	0.0095
杜仲	40 568	50 229	65 180	99 982	154 347	196 421	135 327	0.0056
松材线虫	2083.001	2131	2718	2727	3739	7606	11 595	0.0107
松材线虫病	1754.001	1745.001	2210.001	2124.001	2808.001	3481	5033	0.0085
松褐天牛	5418.001	6599.001	8893	8986	11 210	14 049	27 345	0.0071
板栗	36 233	62 928	107 392	105 406	160 412	206 437	271 449	0.0047
林业有害生物	5792.001	7088.001	9895.001	11 487	13 501	17 913	30 580	0.0064
林业有害生物飞防	518.002	635.002	878.001	1162.001	1414	1869.001	2837	0.0061
林业有害生物无公害防治	642.001	910.001	1235	1301	1247	2160.001	3042	0.0054
林业有害生物灾害	1399	1654	2365	2609	2947.001	3681.001	8639.001	0.0080

（续）

关键词	2009 年	2010 年	2011 年	2012 年	2013 年	2014 年	2015 年	权重
林业有害生物调运检疫	124. 001	110. 001	188	223	250	300	668	0. 0077
林业植物检疫	3717. 001	4375	6126	7036	8446	11 695	19 623	0. 0069
林业龙头企业	5583. 001	8580. 001	3629. 001	15 463	17 958	26 311	110 248	0. 0114
林地使用权	7383. 001	13 380	17 432	15 149	19 196	25 530	49 747	0. 0055
林地使用费	5605. 001	9542. 001	11 802	10 804	14 105	17 205	31 401	0. 0052
林地变更调查	1240. 002	1870. 002	2411. 001	2301. 001	2784	4036	7964	0. 0067
林地承包经营权	1951. 001	3289	4248	3826	5315	6637	14 356	0. 0064
林地补偿标准	2230. 002	4910	5650	4743	5712. 001	6178	12 022	0. 0040
林木种子贮备	200. 002	378. 002	579. 002	546. 002	615	1092. 001	1890. 002	0. 0059
林木种苗	8648. 001	10 749	14 297	16 769	25 578	31 121	65 770	0. 0080
林木种苗检验员	286. 001	368	541. 001	627	619	710	2093	0. 0081
林木种苗生产经营许可证	1300. 002	1191. 001	1690. 002	2243. 001	2722. 001	4292. 001	5111. 001	0. 0069
林木种苗管理站	3871. 001	4254. 001	5774	7608	13 819	12 338	24 616	0. 0077
林木种苗质量	3106. 001	3602. 001	4956. 001	5298. 001	7038	11 673	21 751	0. 0088
林木良种	2206. 001	3040. 001	4254. 001	4286	5454	7430	13 584	0. 0064
林木良种使用率	705. 002	1010. 002	1672	1396	1712	1988. 001	3835	0. 0053
林木良种补贴	253. 002	461	794	762. 001	941	1395	2378	0. 0054
林木采伐许可证	929. 001	1417. 001	2067. 001	1612. 001	1999	2767	5041	0. 0057
林权抵押	9172. 001	14 197	24 414	21 608	31 343	41 673	84 244	0. 0065
林权抵押贷款	5406. 001	8477. 001	14 132	13 830	21 272	26 122	54 985	0. 0066
林权登记	69 479	79 941	122 072	106 116	192 164	356 198	293 238	0. 0071
林果有害生物	4301. 001	5764. 001	8244	8181. 001	10 609	14 405	23 406	0. 0060
林纸浆	35. 001	73. 001	111	135. 001	126. 001	187. 001	103. 001	0. 0032
林草植被	13 741	17 834	24 043	23 551	29 210	35 310	55 590	0. 0053
枣	233 143	272 276	483 417	426 436	750 425	470 436	487 450	0. 0045
核桃	181 841	386 053	265 148	271 387	568 562	667 648	293 694	0. 0052
森林人家	57 104	77 202	104 003	108 000	159 006	193 011	245 007	0. 0050
森林保险	61 990	96 666	149 088	168 067	407 098	531 072	623 411	0. 0064
森林停伐	2700. 002	3782. 001	5061. 001	5412. 001	6830. 001	9017. 001	21 348	0. 0078
森林公园	255 981	265 068	278 078	277 036	282 004	287 212	291 228	0. 0030
森林公园免费开放	32 000	44 300	65 300	82 300	112 000	148 216	237 242	0. 0061

（续）

关键词	2009 年	2010 年	2011 年	2012 年	2013 年	2014 年	2015 年	权重
森林公园建设用地	8950.002	15 002	24 130	23 137	29 749	30 451	50 015	0.0041
森林公园旅游收入	11 100	17 501	27 325	283 029	37 590	46 434	93 178	0.0107
森林公园空气负离子	1402.001	1910.002	2521.001	2821	4223	5684	10 357	0.0071
森林公园管理办法	14 700	20 501	23 022	24 015	31 620	41 809	87 934	0.0077
森林公安	35 775	56 182	80 941	92 470	118 186	145 179	222 180	0.0049
森林分类经营	93 088	104 082	109 057	115 069	179 076	230 086	426 068	0.0098
森林旅游业	76 059	111 072	156 072	162 140	229 323	108 348	265 205	0.0047
森林消防	89 441	102 126	152 104	176 148	185 122	230 120	247 094	0.0044
森林火灾	25 109	33 341	46 454	51 160	86 128	121 616	204 586	0.0074
森林火灾保险	2959.001	3908	6064	6671	10 344	13 734	24 427	0.0069
森林火警	1751.001	2696.001	3397.001	3738.001	5007	7584	16 212	0.0077
森林火险	1819.001	2486.001	3389.001	3383.001	5188.001	5939.001	12 180	0.0069
森林病虫害防治	5286.001	6305.001	9238.001	9405	11 301	14 989	27 698	0.0069
森林草原防火	1623.001	2377.001	3220.001	3264.001	3800.001	6067	12 142	0.0072
森林蓄积量	6055.001	7950.001	10 803	9755.001	11 481	14 165	24 311	0.0056
森林覆盖率	26 862	38 900	56 916	62 260	101 517	123 581	215 604	0.0064
森林资源	221 084	244 117	263 325	263 433	271 527	280 131	287 254	0.0028
森林资源流转	2946	4387	6752	6782	8607	12 028	27 310	0.0073
森林资源清查	1247	1892	2591	2193	2807	5132	7069	0.0060
森林资源资产评估	5071	7448	11 684	11 029	13 461	18 506	33 034	0.0058
森林防火	21 379	34 160	47 830	44 920	54 968	73 606	144 591	0.0059
森林防火戒严令	53.002	57.002	100.002	155.001	116.001	119.002	334.001	0.0076
森林防火责任制	2723.001	4314	5890.001	4734	5136	8924	20 770	0.0079
武警森林部队	3061.001	4882.001	7205.001	7067.001	8433.001	10 452	22 962	0.0061
毁林	154 083	171 084	262 079	313 087	339 073	207 070	501 113	0.0060
毁林开垦	2015.001	2860	3299	2945	3565	5158	7916	0.0058
毁林开荒	1411.001	2148.001	2946	2597	5022	5003	7468	0.0051
沙化土地	3776.001	4803.001	6390.001	6147.001	7440.001	8304.001	16 862	0.0064
沙障	409.001	549	802	694	848	1032	1267	0.0039
油茶	14 366	19 565	28 814	31 745	44 219	56 952	108 735	0.0067
湿地公园	88 105	121 267	167 307	175 339	240 504	225 519	257 542	0.0036
濒危物种	19 197	24 872	31 998	36 106	621 128	79 932	132 124	0.0148
灌草	55 020	72 349	103 177	132 172	135 145	179 185	471 193	0.0081

（续）

关键词	2009 年	2010 年	2011 年	2012 年	2013 年	2014 年	2015 年	权重
火烧迹地	557.001	560	718	678	802.001	1021	1537	0.0084
特许捕猎证	88.001	120.001	185.001	116.001	117.001	162	346.001	0.0071
珍贵树种	7535.001	10 409	14 231	15 267	20 986	28 551	48 978	0.0064
生态安全	259 828	28 220	280 054	286 153	292 257	297 234	305 308	0.0021
生态效益补偿	7470.001	10 964	17 360	16 341	19 344	25 521	41 845	0.0051
生态文明	170 736	402 928	228 708	256 273	274 757	282 581	300 980	0.0034
盗猎	5670.001	6292.001	7905.001	10 921	16 317	25 214	56 929	0.0103
省级森林公园	57 767	85 567	117 059	130 061	183 051	382 063	259 154	0.0058
石漠化	2139.001	2920.001	4105.001	5694.001	5911.001	7131.001	15 804	0.0066
碳汇	66 220	127 577	158 688	120 629	145 626	200 590	302 033	0.0041
秋冬季森林防火	450.001	655	842	960	1344	1997	4563	0.0084
种苗行政执法	2270.002	3081.001	4890.002	4865.001	8229	10 616	20 211	0.0072
红木家具	43 197	75 630	120 261	164 512	300 190	268 198	283 173	0.0045
纤维板	14 296	19 901	25 108	28 507	41 722	62 363	109 426	0.0074
育林基金	857.001	1273	2109	2037	2430	3370	5020	0.0049
胶合板	16 760	23 380	30 324	35 592	78 588	86 569	149 251	0.0073
自然保护区	257 464	264 570	266 711	269 636	274 658	277 824	281 708	0.0033
航空护林	769.001	1173.001	1651.001	1705	2617	3992	7007	0.0070
薇甘菊	598.001	576.001	753.001	1813.001	2326	1621	1958	0.0063
蜀柏毒蛾	36.001	72	48	72	85	138	426	0.0103
退耕还林	10 715	13 098	18 181	17 157	19 846	27 325	50 414	0.0069
速生丰产林	1893	2322	2750	2978	4243	3552	5156	0.0046
采伐限额	637.001	930	1256	983	1140	1812	3774	0.0074
野生动植物	31 617	42 531	56 861	60 475	83 298	118 227	215 216	0.0071
野生动植物进出口	3233.001	4042.001	5501.001	5891	8728	11 587	23 319	0.0079
野生动植物保护	16 426	22 231	31 844	34 060	44 344	57 644	111 067	0.0067
野生动物保护	56 922	83 361	139 170	146 171	190 165	244 183	225 197	0.0039
野生动物养殖业	7061.001	9151.001	12 221	13 434	19 505	26 019	44 710	0.0069
野生动物非法贸易	2012.001	3161.001	3781.001	4610.002	7892.001	10 928	22 048	0.0078
野生动物驯养繁殖	2191.001	2675.001	3359.001	4058.001	5191.001	6812	12 097	0.0071
防沙治沙	38 183	50 852	72 067	73 571	109 155	154 196	246 393	0.0066
防火隔离带	7189.001	13 070	20 406	18 212	22 787	32 508	48 503	0.0046
防风固沙	1556.001	2588.001	3793.001	3270.001	3824.001	5133	9003	0.0050

（续）

关键词	2009 年	2010 年	2011 年	2012 年	2013 年	2014 年	2015 年	权重
防风固沙林	285.001	437	567	491	583	545	897.001	0.0036
集体林权	70 240	87 345	121 991	125 795	190 661	326 951	226 869	0.0058
集体林权主体改革	27 005	26 407	27 319	24 435	31 242	47 249	88 421	0.0119
集体林权确权	4702.001	8776	11 435	12 367	18 301	23 968	44 928	0.0060
集体林权改革	36 797	44 529	57 830	47 696	71 267	104 500	181 299	0.0081
集体林权配套改革	2944.001	5287	8564	6946	8491	11 048	20 327	0.0049
非法侵占林地	317.002	508	805.001	848	920	1415	3420	0.0074
风力灭火机	1263.001	2149	3776	3932	4572	5554	9417	0.0046
食叶害虫	15 850	18 460	22 481	22 969	28 052	32 634	47 596	0.0057
高峰林场	1936	2552	3800	5252	5474	7223	12 539	0.0059
黄斑星天牛	2866.001	3041.001	7711	9286	8045	8488	12 230	0.0047
黄柏	31 900	38 853	51 213	48 908	69 847	89 904	196 388	0.0085
总的影响力	0.013	0.0857	0.2058	0.2146	0.3415	0.473	0.9369	

从检索词频结果（表 27）来看，到 2015 年，排名前 10 位的关键词分别为“森林保险”“毁林”“枣”“灌草”“二类调查”“森林分类经营”“国有林区”“商品林”“木材进口”“园林绿化”。其中，“灌草”“二类调查”“森林分类经营”“国有林区”“木材进口”关键词首次出现在前 10 位排名中。通过分年统计关键词的搜索频次，发现前 10 位的关键词排名有浮动，2009—2015 年间，“枣”“商品林”自 2009 年开始，每年均处于前 10 的位置；“森林保险”从 2013 年开始被关注，到 2015 年排在首位，关注度不断提升；“毁林”除了 2014 年之外，均在前 10 位排名中，2015 年更是排在第二位；而“生态文明”自 2011 年后，淡出前 10 位排名；“森林公园”“自然保护区”“森林资源”一直受到关注，2009—2011 年均在前 10 位，但从 2012 年开始跌出前 10 位。

从关键词的权重分配来看，可以知道“濒危物种”“集体林权主体改革”“林业龙头企业”和“森林公园旅游收入”等主题关键词指标所占的权重较高，而“木地板”关键词所占的权重最小。由此看来，“濒危物种”“集体林权主体改革”“林业龙头企业”和“森林公园旅游收入”等主题关键词对国内网络综合影响力的作用较高，而“木地板”等关键词对国内网络综合影响力的作用较低。

从网络综合影响力值来看，林业政策关键词在国内的网络综合影响力呈现逐年上升趋势，由 2009 年的 0.01 上升到 2015 年的 0.9369，综合影响力值增长幅度高达 203.99%。可见，在大数据环境下，随着信息与通讯技术的发展，使越来越多的用户进入了媒介建构的网络空间之中，网络的综合影响力也在不断增强。

2.5.2 林业政策关键词在搜索引擎网络影响力分析

搜索引擎作为受众搜索的重要来源，对林业政策在国内网络影响力的判定有着重要的作用。而百度（www. baidu. com）作为中文搜索中的重要入口，拥有超95% 的互联网搜索用户，在移动搜索方面月活跃用户数也高达6. 67 亿。因此，通过分析百度指数和谷歌搜索关键词，可以窥探当前林业政策在媒体以及公众方面的影响力现状。将其检索条件确定为与林业政策相关的155 个关键词，数据的时间范围是2009~2015 年，最终得到155 个关键词在搜索引擎网络中每一年的词频数，并根据前文所用熵权法确定每个关键词的权重，最终得到在搜索引擎网络方面的影响力（表28）。

表28　2009—2015 年林业政策相关的155 个关键词在搜索引擎网络中的词频及权重

关键词	2009 年	2010 年	2011 年	2012 年	2013 年	2014 年	2015 年	权重
三北防护林	4200	4730	6400	6150	7300	8190	13 800	0. 0061
乡土树种	4340	5350	7310	6730	7230	10 100	17 300	0. 0063
二类调查	572 000	588 000	802 000	280 000	286 000	288 000	461 000	0. 0079
京津风沙源治理	599	1000	1320	1550	11 700	13 700	10 700	0. 0087
光肩星天牛	630	518	536	781	837	1180	1650	0. 0077
占用征收林地	840	1370	1820	1550	1650	2260	4950	0. 0061
占用林地	3050	5000	6530	5300	6250	8200	17 400	0. 0060
厚朴	32 000	43 800	64 300	62 600	91 300	122 000	235 000	0. 0069
商品林	613 000	432 000	648 000	457 000	446 000	637 000	381 000	0. 0048
园林绿化	10 900	151 000	206 000	217 000	182 000	321 000	337 000	0. 0027
国家湿地公园	57 100	73 100	94 900	92 100	128 000	152 000	230 000	0. 0056
国家级森林公园	69 100	106 000	149 000	154 000	217 000	334 000	265 000	0. 0044
国有林区	41 400	57 200	90 400	93 200	118 000	150 000	411 000	0. 0082
国有林区改革	22 800	31 100	527 000	56 700	73 100	101 000	161 000	0. 0106
国有林场	3300	5120	9800	15 700	16 500	13 800	34 800	0. 0056
国有林场危旧房	167	375	772	959	990	1010	3660	0. 0070
国有林场基础设施	670	1190	2030	2430	2250	3380	8810	0. 0070
国有林场富余职工	40	56	151	218	129	163	605	0. 0077
国有林场改革	1330	2200	3930	4510	4940	6950	20 600	0. 0081
国有林场棚户区改造	114	272	540	442	673	789	2140	0. 0065
夏季森林防火	1510	2440	3120	3230	3740	8960	21 600	0. 0100
外来有害生物	6840	8510	10 900	11 200	17 000	18 400	26 300	0. 0055
天然林保护	84 600	126 000	162 000	174 000	416 000	234 000	243 000	0. 0049

（续）

关键词	2009 年	2010 年	2011 年	2012 年	2013 年	2014 年	2015 年	权重
实木家具	82 100	123 000	190 000	338 000	288 000	303 000	314 000	0. 0037
巡山守卡	2	10	10	8	13	20	38	0. 0051
巡山护林	295	412	636	698	942	1670	3430	0. 0083
征占用林地	1020	1900	2320	1910	2140	2530	5050	0. 0046
扑火队	22 600	32 100	46 200	63 400	112 000	180 000	214 000	0. 0068
护林员	4630	7080	8610	9420	12 800	15 800	31 800	0. 0065
改变林地用途	1410	2140	2800	2340	3110	3970	8370	0. 0065
政策性森林保险	13 900	26 800	46 300	52 400	80 300	89 300	162 000	0. 0053
春季森林防火	1980	3140	4170	3660	3830	5560	15 300	0. 0080
春尺蠖	717	793	1170	1120	1930	1980	3140	0. 0066
有害生物入侵	5450	6070	8240	8540	10 400	13 400	22 400	0. 0070
木地板	17 100	292 000	265 000	278 000	288 000	295 000	303 000	0. 0021
木材加工	94 600	134 000	165 000	177 000	72 900	109 000	163 000	0. 0037
木材进口	25 100	37 400	50 300	54 500	101 000	148 000	373 000	0. 0094
杜仲	40 300	50 000	64 900	99 700	154 000	196 000	135 000	0. 0055
松材线虫	1940	1990	2530	2520	3490	7320	11 400	0. 0109
松材线虫病	1630	1630	2060	2020	2700	3190	4670	0. 0082
松褐天牛	5360	6540	8810	8900	11 100	13 900	27 200	0. 0071
板栗	35 800	62 500	107 000	105 000	160 000	206 000	271 000	0. 0047
林业有害生物	5600	6890	9630	11 200	13 200	17 600	30 000	0. 0064
林业有害生物 飞防	518	635	877	1160	1400	1840	2830	0. 0061
林业有害生物无公害防治	637	908	1230	1290	1210	2140	3020	0. 0054
林业有害生物灾害	1390	1650	2350	2600	2940	3670	8630	0. 0080
林业有害生物调运检疫	124	110	187	218	241	282	654	0. 0077
林业植物检疫	3710	4360	6090	6940	8230	11 500	19 500	0. 0069
林业龙头企业	5530	8510	3550	15 400	17 800	25 900	110 000	0. 0114
林地使用权	7210	13 200	17 300	15 000	18 900	25 300	49 600	0. 0055
林地使用费	5600	9540	11 800	10 800	14 100	17 200	31 400	0. 0051
林地变更调查	1240	1870	2410	2300	2770	4000	7930	0. 0066
林地承包经营权	1940	3270	4210	3770	5140	6500	14 200	0. 0064
林地补偿标准	2230	4900	5640	4720	5640	6080	12 000	0. 0040
林木种子贮备	200	378	579	546	612	1090	1890	0. 0058
林木种苗	8530	10 600	14 100	16 600	25 400	30 600	65 300	0. 0080

（续）

关键词	2009 年	2010 年	2011 年	2012 年	2013 年	2014 年	2015 年	权重
林木种苗检验员	286	367	541	624	618	698	2090	0.0081
林木种苗生产经营许可证	1300	1190	1690	2240	2720	4280	5100	0.0069
林木种苗管理站	3870	4250	5770	7600	13 800	12 300	24 600	0.0077
林木种苗质量	3100	3600	4950	5290	7000	11 600	21 700	0.0087
林木良种	2130	2960	4160	4120	5200	7050	13 300	0.0064
林木良种使用率	705	1010	1670	1390	1700	1980	3820	0.0053
林木良种补贴	253	453	773	759	912	1350	2350	0.0054
林木采伐许可证	897	1390	2050	1590	1890	2480	4770	0.0055
林权抵押	9090	14 100	24 300	21 500	31 200	40 600	83 600	0.0064
林权抵押贷款	5180	8210	13 900	13 600	20 800	25 600	54 600	0.0066
林权登记	69 400	79 900	122 000	106 000	192 000	356 000	293 000	0.0071
林果有害生物	4300	5760	8240	8180	10 600	14 400	23 400	0.0059
林纸浆	32	46	65	43	52	126	94	0.0059
林草植被	13 700	17 800	24 000	23 500	29 100	35 200	55 500	0.0053
枣	232 000	271 000	482 000	425 000	749 000	469 000	486 000	0.0045
核桃	181 000	385 000	264 000	270 000	567 000	666 000	292 000	0.0052
森林人家	57 100	77 200	104 000	108 000	159 000	193 000	245 000	0.0050
森林保险	61 900	96 600	149 000	168 000	407 000	531 000	623 000	0.0064
森林停伐	2700	3780	5060	5410	6820	8930	21 300	0.0077
森林公园	255 000	264 000	277 000	276 000	281 000	286 000	290 000	0.0030
森林公园免费开放	32 000	44 300	65 300	82 300	112 000	148 000	237 000	0.0061
森林公园建设用地	8950	15 000	24 100	23 100	29 700	30 400	50 000	0.0041
森林公园旅游收入	11 100	17 500	27 300	283 000	37 500	46 300	93 100	0.0107
森林公园空气负离子	1400	1910	2520	2790	4100	5430	10 300	0.0071
森林公园管理办法	14 700	20 500	23 000	24 000	31 600	41 800	87 900	0.0076
森林公安	35 600	56 000	80 800	92 300	118 000	145 000	222 000	0.0049
森林分类经营	93 000	104 000	109 000	115 000	179 000	230 000	426 000	0.0098
森林旅游业	76 000	111 000	156 000	162 000	229 000	108 000	265 000	0.0046
森林消防	89 300	102 000	152 000	176 000	185 000	230 000	247 000	0.0043
森林火灾	24 500	32 700	45 900	50 500	85 500	121 000	204 000	0.0073
森林火灾保险	2950	3900	6030	6640	10 300	13 700	24 400	0.0069
森林火警	1720	2670	3390	3710	4870	7230	16 000	0.0077
森林火险	1720	2380	3310	3280	5080	5840	12 100	0.0069

（续）

关键词	2009 年	2010 年	2011 年	2012 年	2013 年	2014 年	2015 年	权重
森林病虫害防治	5170	6180	9120	9250	11 000	14 600	27 300	0. 0069
森林草原防火	1590	2350	3200	3230	3770	5970	11 800	0. 0070
森林蓄积量	6000	7890	10 700	9690	11 400	14 100	24 000	0. 0055
森林覆盖率	26 500	38 400	56 400	61 800	101 000	123 000	215 000	0. 0063
森林资源	219 000	242 000	261 000	261 000	269 000	277 000	284 000	0. 0027
森林资源流转	2890	4340	6710	6740	8550	12 000	27 300	0. 0072
森林资源清查	1200	1820	2500	2080	2640	4700	6910	0. 0061
森林资源资产评估	5040	7410	11 600	10 900	13 200	18 200	32 900	0. 0058
森林防火	20 800	33 600	47 300	44 300	54 400	73 000	144 000	0. 0059
森林防火戒严令	53	57	100	150	99	119	332	0. 0079
森林防火责任制	2720	4310	5880	4710	5080	8840	20 700	0. 0079
武警森林部队	3040	4860	7190	7050	8410	10 300	22 700	0. 0060
毁林	154 000	171 000	262 000	313 000	339 000	207 000	501 000	0. 0059
毁林开垦	1980	2810	3220	2840	3440	4890	7700	0. 0058
毁林开荒	1390	2130	2850	2490	4780	4770	7300	0. 0051
沙化土地	3670	4710	6300	6060	7330	8240	16 200	0. 0061
沙障	348	484	653	546	641	762	1140	0. 0043
油茶	13 900	19 000	28 100	31 000	43 500	56 300	108 000	0. 0068
湿地公园	87 900	121 000	167 000	175 000	240 000	225 000	257 000	0. 0035
濒危物种	19 100	24 800	31 900	36 000	621 000	79 800	132 000	0. 0147
灌草	54 900	72 200	103 000	132 000	135 000	179 000	471 000	0. 0081
火烧迹地	488	519	639	600	719	937	1440	0. 0078
特许捕猎证	88	120	185	116	117	160	346	0. 0071
珍贵树种	7450	10 300	14 100	15 100	20 800	28 400	48 800	0. 0064
生态安全	259 000	27 300	279 000	285 000	291 000	296 000	304 000	0. 0021
生态效益补偿	7290	10 800	17 200	16 200	19 200	24 900	41 500	0. 0050
生态文明	168 000	400 000	226 000	253 000	266 000	274 000	293 000	0. 0035
盗猎	5660	6280	7890	10 900	16 300	25 200	56 900	0. 0103
省级森林公园	57 700	85 500	117 000	130 000	183 000	382 000	259 000	0. 0058
石漠化	1890	2670	3860	5390	5590	6800	15 000	0. 0065
碳汇	66 000	127 000	158 000	120 000	145 000	200 000	301 000	0. 0041
秋冬季森林防火	443	644	811	902	1220	1870	4490	0. 0087
种苗行政执法	2270	3080	4890	4860	8220	10 600	20 200	0. 0071

（续）

关键词	2009 年	2010 年	2011 年	2012 年	2013 年	2014 年	2015 年	权重
红木家具	43 100	75 500	120 000	164 000	300 000	268 000	283 000	0. 0044
纤维板	14 100	19 700	24 900	28 300	41 500	62 100	109 000	0. 0073
育林基金	767	1180	2040	1960	2380	3320	4970	0. 0049
胶合板	16 600	23 200	30 100	35 400	78 400	86 300	149 000	0. 0072
自然保护区	256 000	263 000	265 000	268 000	273 000	276 000	280 000	0. 0033
航空护林	715	1160	1620	1630	2470	3820	6930	0. 0069
薇甘菊	555	529	696	1750	1960	1350	1790	0. 0062
蜀柏毒蛾	31	54	44	60	62	119	389	0. 0114
退耕还林	9940	12 400	17 500	16 500	19 200	26 600	49 700	0. 0068
速生丰产林	1730	2090	2550	2750	4040	3380	5030	0. 0048
采伐限额	551	831	1130	875	985	1540	3690	0. 0079
野生动植物	31 500	42 400	56 700	60 300	83 100	118 000	215 000	0. 0071
野生动植物进出口	3230	4040	5490	5880	8680	11 500	23 300	0. 0079
野生动植物保护	16 400	22 200	31 800	34 000	44 300	57 600	111 000	0. 0066
野生动物保护	56 800	83 200	139 000	146 000	190 000	244 000	225 000	0. 0039
野生动物养殖业	7060	9150	12 200	13 400	19 500	26 000	44 700	0. 0069
野生动物非法贸易	2010	3160	3780	4610	7890	10 800	21 700	0. 0077
野生动物驯养繁殖	2190	2670	3350	4050	5180	6510	11 800	0. 0070
防沙治沙	38 000	50 700	71 900	73 400	109 000	154 000	246 000	0. 0066
防火隔离带	7170	13 000	20 300	18 100	22 700	32 200	48 200	0. 0046
防风固沙	1440	2480	3660	3150	3640	4880	8370	0. 0047
防风固沙林	266	400	528	432	512	520	872	0. 0039
集体林权	69 000	86 100	121 000	125 000	190 000	326 000	226 000	0. 0058
集体林权主体改革	27 000	26 400	27 300	24 400	31 200	47 200	88 400	0. 0119
集体林权确权	4700	8770	11 400	12 300	18 200	23 900	44 900	0. 0060
集体林权改革	36 700	44 400	57 700	47 600	71 100	104 000	181 000	0. 0081
集体林权配套改革	2940	5280	8550	6910	8440	11 000	20 300	0. 0049
非法侵占林地	317	506	788	826	914	1200	3150	0. 0071
风力灭火机	1240	2120	3730	3850	4440	5420	9310	0. 0046
食叶害虫	15 700	18 300	22 300	22 700	27 800	32 200	47 300	0. 0056
高峰林场	1910	2520	3700	5020	5320	7060	12 400	0. 0060
黄斑星天牛	2840	3020	7690	9260	8020	8470	12 200	0. 0047
黄柏	31 600	38 500	50 800	48 500	69 400	89 500	196 000	0. 0084
关键词在搜索引擎网络中影响力	1	1	1	0. 9985	0. 9992	1	1	0. 2414

从检索词频结果（表28）来看，到2015年，排名前10位的关键词分别为“森林保险”“毁林”“枣”“灌草”“二类调查”“森林分类经营”“国有林区”“商品林”“木材进口”“园林绿化”。其中，灌草”“二类调查”“森林分类经营”“国有林区”“木材进口”关键词首次出现在前10位排名中。通过分年统计关键词的搜索频次，发现前10位的关键词排名有浮动，2009—2015年间，“枣”“商品林”自2009年开始，每年均处于前10位置；“森林保险”从2013年开始被关注，到2015年排在首位，关注度不断提升；“毁林”除了2014年之外，均在前10位排名中，2015年更是排在第二位；而“森林资源”“生态文明”自2011年后，淡出前10位排名；“森林公园”、“自然保护区”一直受到关注，2009—2011年均在前10位，但从2012年开始跌出前10位。

从关键词的权重分配来看，可以知道“濒危物种”和“集体林权”主题关键词指标所占的权重较高，而“木地板”关键词所占的权重最小。这说明，“濒危物种”和“集体林权”关键词对搜索引擎网络影响力的作用较高，而“木地板关键词”对搜索引擎网络影响力的作用较低。

从影响力值来看，2009—2011年影响力均为1，到2012年影响力出现小幅下降，下降到0.9985，2013年小幅上升到0.9992，2014年影响力恢复到1，2015年的影响力仍保持在1，这说明林业政策关键词在搜索引擎网络中的影响力高居不下，林业政策在媒体以及公众方面的影响力越来越大。

2.5.3 林业政策关键词在学术网络影响力分析

在学术网络影响力评价方面，将其检索条件确定为与林业政策相关的155个关键词，数据的时间范围是2009—2015年，期刊来源是为中国学术期刊全文数据库收录的所有期刊。最终得到155个关键词在中国学术期刊全文数据库收录中每一年的词频数并根据前文所用熵权法确定每个关键词的权重以及在学术方面的影响力（表29）。

表29 2009—2015年林业政策相关的155个关键词在学术网络中的词频及权重

关键词	2009年	2010年	2011年	2012年	2013年	2014年	2015年	权重
三北防护林	121	79	92	128	135	116	108	0.0030
乡土树种	328	326	396	370	387	359	331	0.0063
二类调查	76	81	117	111	104	112	107	0.0034
京津风沙源治理	38	55	36	56	51	41	29	0.0036
光肩星天牛	79	69	70	76	78	40	41	0.0042
占用征收林地	0.001	0.001	1	2	12	7	10	0.0079
占用林地	28	32	26	21	23	31	39	0.0042
厚朴	242	281	287	332	378	357	399	0.0035
商品林	332	356	306	266	264	345	324	0.0045

（续）

关键词	2009 年	2010 年	2011 年	2012 年	2013 年	2014 年	2015 年	权重
园林绿化	1373	1511	1765	2173	2522	2712	2615	0.0043
国家湿地公园	68	86	93	114	181	252	249	0.0058
国家级森林公园	30	41	39	40	40	45	60	0.0035
国有林区	221	234	182	216	213	212	297	0.0039
国有林区改革	8	9	2	4	6	2	52	0.0131
国有林场	182	195	268	276	315	324	466	0.0050
国有林场危旧房	0.001	8	15	3	3	4	2	0.0054
国有林场基础设施	1	1	1	1	1	0.001	2	0.0026
国有林场富余职工	1	0.001	1	0.001	0.001	0.001	0.001	0.0164
国有林场改革	49	79	82	93	106	89	288	0.0069
国有林场棚户区改造	1	0.001	0.001	0.001	0.001	1	0.001	0.0164
夏季森林防火	1	0.001	0.001	0.001	1	2	0.001	0.0119
外来有害生物	70	66	77	73	59	37	46	0.0030
天然林保护	507	463	488	393	354	422	451	0.0031
实木家具	52	46	64	57	76	78	45	0.0056
巡山守卡	0.001	0.001	0.001	0.001	0.001	0.001	0.0012	0.0254
巡山护林	2	2	3	4	2	4	1	0.0036
征占用林地	22	21	16	17	11	16	21	0.0027
扑火队	5	1	3	7	3	4	2	0.0039
护林员	34	36	37	46	44	38	55	0.0057
改变林地用途	2	0.001	0.001	2	2	7	3	0.0064
政策性森林保险	16	11	18	15	13	16	19	0.0030
春季森林防火	8	3	5	7	7	3	6	0.0050
春尺蠖	35	44	37	19	37	46	36	0.0023
有害生物入侵	26	21	28	24	21	17	25	0.0029
木地板	234	273	238	222	234	241	256	0.0041
木材加工	204	202	230	223	258	251	223	0.0050
木材进口	64	65	68	62	85	92	95	0.0068
杜仲	268	229	280	282	347	421	327	0.0040
松材线虫	143	139	152	101	119	121	117	0.0033
松材线虫病	124	115	150	104	108	110	105	0.0083
松褐天牛	58	59	78	57	67	66	56	0.0071

（续）

关键词	2009 年	2010 年	2011 年	2012 年	2013 年	2014 年	2015 年	权重
板栗	433	428	392	406	412	437	449	0.0032
林业有害生物	192	198	265	287	301	313	271	0.0040
林业有害生物飞防	0.001	0.001	0.001	0.001	1	0.001	1	0.0164
林业有害生物无公害防治	5	2	3	1	1	0.001	4	0.0041
林业有害生物灾害	8	2	11	5	7	11	9	0.0028
林业有害生物调运检疫	0.001	0.001	0.001	0.001	0.001	0.001	0.0012	0.0254
林业植物检疫	7	13	9	11	9	16	3	0.0029
林业龙头企业	53	70	79	63	65	59	68	0.0033
林地使用权	173	180	132	110	103	49	37	0.0041
林地使用费	5	2	1	2	1	0.001	0.001	0.0070
林地变更调查	0.001	0.001	0.001	0.001	2	8	7	0.0127
林地承包经营权	11	14	16	11	9	16	6	0.0031
林地补偿标准	0.001	1	1	2	0.001	2	1	0.0052
林木种子贮备	0.001	0.001	0.001	0.001	2	0.001	0.001	0.0254
林木种苗	118	149	197	169	178	235	209	0.0030
林木种苗检验员	0.001	0.001	0.001	0.001	0.001	0.001	0.0012	0.0254
林木种苗生产经营许可证	0.001	1	0.001	0.001	0.001	0.001	0.001	0.0254
林木种苗管理站	1	4	3	2	2	3	1	0.0055
林木种苗质量	6	2	6	8	11	5	16	0.0040
林木良种	76	80	94	106	121	134	125	0.0044
林木良种使用率	0.001	0.001	1	1	1	0.001	2	0.0080
林木良种补贴	0.001	7	3	3	6	3	1	0.0039
林木采伐许可证	32	27	17	22	15	20	12	0.0042
林权抵押	82	97	114	108	82	88	94	0.0062
林权抵押贷款	226	267	232	230	206	164	175	0.0038
林权登记	77	40	39	39	29	12	17	0.0047
林果有害生物	1	4	2	0.001	1	1	3	0.0041
林纸浆	3	0.001	2	0.001	0.001	0.001	0.001	0.0166
林草植被	41	32	37	37	53	53	37	0.0047
枣	1143	1276	1417	1436	1425	1436	1450	0.0024
核桃	841	1053	1148	1387	1562	1648	1694	0.0033
森林人家	4	2	3	0.001	6	11	7	0.0039

（续）

关键词	2009年	2010年	2011年	2012年	2013年	2014年	2015年	权重
森林保险	90	66	88	67	98	72	67	0.0076
森林停伐	0.001	0.001	1	0.001	0.001	0.001	0.001	0.0254
森林公园	981	1068	1078	1036	1004	1212	1228	0.0052
森林公园免费开放	0.001	0.001	0.001	0.001	0.001	1	0.001	0.0254
森林公园建设用地	0.001	0.001	0.001	0.001	0.001	1	0.001	0.0254
森林公园旅游收入	0.001	0.001	1	1	0.001	2	1	0.0080
森林公园空气负离子	2	0.001	1	2	2	2	0.001	0.0048
森林公园管理办法	0.001	0.001	1	0.001	0.001	0.001	0.001	0.0254
森林公安	175	182	141	170	186	179	180	0.0021
森林分类经营	88	82	51	63	57	64	60	0.0046
森林旅游业	59	72	72	66	57	66	50	0.0030
森林消防	141	126	104	148	122	120	94	0.0034
森林火灾	609	641	554	660	628	616	586	0.0028
森林火灾保险	9	2	12	5	5	3	3	0.0060
森林火警	31	26	7	28	16	11	8	0.0056
森林火险	99	106	79	103	108	99	80	0.0041
森林病虫害防治	116	125	118	146	135	153	160	0.0052
森林草原防火	33	27	20	34	30	39	30	0.0026
森林蓄积量	55	60	103	65	81	65	77	0.0052
森林覆盖率	362	500	516	460	517	581	604	0.0026
森林资源	2084	2117	2325	2433	2527	3131	3254	0.0061
森林资源流转	55	43	37	24	15	16	10	0.0052
森林资源清查	46	66	73	65	68	111	74	0.0035
森林资源资产评估	29	32	38	49	22	38	27	0.0039
森林防火	579	560	530	620	568	606	591	0.0029
森林防火戒严令	0.001	0.001	0.001	0.001	0.001	0.001	0.001	0.0254
森林防火责任制	3	2	0.001	1	4	4	2	0.0032
武警森林部队	21	22	15	17	23	12	12	0.0056
毁林	83	84	79	87	73	70	84	0.0032
毁林开垦	35	34	41	53	60	72	57	0.0053
毁林开荒	21	18	26	26	19	26	27	0.0040
沙化土地	106	93	90	87	110	64	91	0.0025

（续）

关键词	2009年	2010年	2011年	2012年	2013年	2014年	2015年	权重
沙障	61	53	63	53	68	79	54	0.0079
油茶	466	565	714	745	719	652	735	0.0026
湿地公园	205	267	307	339	504	518	542	0.0041
濒危物种	97	72	98	106	128	132	124	0.0028
灌草	120	137	146	139	145	146	150	0.0023
火烧迹地	69	37	56	65	83	52	56	0.0030
特许捕猎证	0.001	0.001	0.001	0.001	0.001	0.001	0.0012	0.0254
珍贵树种	85	109	131	167	186	150	0.001	0.0024
生态安全	828	920	1054	1153	1257	1234	1308	0.0033
生态效益补偿	180	164	160	141	144	196	163	0.0047
生态文明	2736	2928	2708	3272	8757	8581	7980	0.0089
盗猎	10	12	15	21	17	14	29	0.0050
省级森林公园	67	67	59	61	51	63	61	0.0024
石漠化	249	250	245	304	321	331	384	0.0067
碳汇	220	577	688	629	626	590	588	0.0021
秋冬季森林防火	7	4	7	4	7	4	4	0.0111
种苗行政执法	0.001	1	0.001	0.001	1	1	0.001	0.0111
红木家具	97	130	261	512	190	197	173	0.0060
纤维板	196	201	208	207	222	263	232	0.0060
育林基金	90	89	60	62	43	40	29	0.0042
胶合板	160	180	224	192	188	269	251	0.0043
自然保护区	1464	1570	1711	1636	1658	1824	1708	0.0029
航空护林	54	13	31	16	24	26	32	0.0049
薇甘菊	43	47	57	63	51	41	37	0.0043
蜀柏毒蛾	5	4	3	6	7	4	3	0.0063
退耕还林	775	698	681	657	646	725	714	0.0045
速生丰产林	162	194	161	169	136	104	91	0.0036
采伐限额	86	94	104	77	73	58	43	0.0030
野生动植物	117	131	161	175	198	227	216	0.0038
野生动植物进出口	3	2	0.001	1	1	1	0.001	0.0059
野生动植物保护	26	31	44	60	44	44	67	0.0040
野生动物保护	122	161	170	171	165	183	197	0.0024

（续）

关键词	2009 年	2010 年	2011 年	2012 年	2013 年	2014 年	2015 年	权重
野生动物养殖业	1	1	2	6	2	0.001	0.001	0.0077
野生动物非法贸易	2	1	1	0.001	2	3	2	0.0030
野生动物驯养繁殖	1	5	9	8	11	8	8	0.0024
防沙治沙	183	152	167	171	155	105	117	0.0033
防火隔离带	19	70	106	112	87	67	63	0.0026
防风固沙	116	108	133	120	184	163	169	0.0051
防风固沙林	19	36	21	30	34	24	25	0.0044
集体林权	1240	1245	991	795	661	567	455	0.0044
集体林权主体改革	5	4	1	2	5	2	3	0.0038
集体林权确权	0.001	1	0.001	1	0.001	0.001	1	0.0111
集体林权改革	97	129	130	96	65	73	46	0.0036
集体林权配套改革	4	3	2	4	2	3	4	0.0051
非法侵占林地	0.001	1	0.001	1	2	6	8	0.0086
风力灭火机	23	25	15	35	23	29	14	0.0044
食叶害虫	150	160	177	170	172	188	169	0.0029
高峰林场	25	22	27	25	40	33	40	0.0051
黄斑星天牛	26	21	20	20	20	8	15	0.0025
黄柏	300	353	413	408	447	404	388	0.0025
关键词在学术中影响力	0.0171	0.0115	0.0081	0.0066	0.0047	0.0028	0.0013	0.2562

从检索词频结果（表 29）来看，到 2015 年，排名前 10 位的关键词分别为“生态文明”“森林资源”“园林绿化”“自然保护区”“核桃”“枣”“生态安全”“森林公园”“油茶”“退耕还林”，其中，“生态文明”高居榜首，出现频数高达 3.69 万次，“森林资源”排名第二，出现频数达到 1.79 万次。通过分年统计关键词的搜索频次，发现前 10 位关键词排名有浮动，2009—2015 年间，“园林绿化”关键词除了 2009、2010 年排在第四位外，区域年份均排在第三位；“集体林权”热点出现在 2009—2013 年间，之后跌出前 10；“森林资源”除了 2007 和 2015 年之外，均排在前 10 位靠前位置；“自然保护区”2009 和 2010 年排在第三位，之后一直位居第四；“退耕还林”除 2011—2013 年外，均排在前 10 位。据统计，“核桃”“枣”“生态安全”“森林公园”“油茶”也是搜索较多的高频词，这些年一直位居前十位。

从关键词的权重分配来看，有 11 个关键词指标所占的权重最高，而“森林公安”和“碳汇”关键词所占的权重最小，即对学术网络影响力的作用较低。

从影响力值来看，林业政策关键词在国内的学术影响力由 2009 年的 0.0170 下降到

2015 年的 0. 0013，影响力值下降幅度高达 92. 35%。在大数据环境下，用户通过在学术网络检索林业政策相关的关键词的频率呈现下降趋势，林业政策相关的关键词在学术网络中的影响力呈现只跌不涨的趋势。

2. 5. 4　林业政策关键词在社交网络影响力分析

本文提出了基于林业政策关键词的微博分类方法，在确定微博关键词的基础上，通过熵权法，用于计算以微博为代表的关于林业政策关键字相关的社交网络影响力（表 30）。统计数据来源于新浪官方微博发布的微博数据，关键词均为手动抓取，无法自动化。

表 30　2006—2015 年林业政策相关的 155 个关键词在社交网络中的词频及权重

关键词	2009 年	2010 年	2011 年	2012 年	2013 年	2014 年	2015 年	权重
三北防护林	0. 001	0. 001	0. 001	0. 001	0. 001	0. 001	699	0. 0109
乡土树种	0. 001	0. 001	0. 001	0. 001	0. 001	305	273	0. 0070
二类调查	0. 001	25	29	106	98	164	75	0. 0018
京津风沙源治理	0. 001	0. 001	0. 001	0. 001	191	167	214	0. 0048
光肩星天牛	0. 001	3	17	31	40	33	16	0. 0018
占用征收林地	0. 001	0. 001	4	20	21	27	47	0. 0029
占用林地	0. 001	0. 001	0. 001	0. 001	0. 001	0. 001	464	0. 0109
厚朴	0. 001	0. 001	0. 001	0. 001	0. 001	0. 001	0. 001	0. 0109
商品林	1	15	60	46	271	115	64	0. 0028
园林绿化	0. 001	0. 001	0. 001	0. 001	0. 001	0. 001	0. 001	0. 0109
国家湿地公园	0. 001	0. 001	0. 001	0. 001	0. 001	0. 001	0. 001	0. 0109
国家级森林公园	0. 001	0. 001	0. 001	0. 001	0. 001	0. 001	0. 001	0. 0109
国有林区	0. 001	0. 001	0. 001	0. 001	0. 001	0. 001	386	0. 0109
国有林区改革	0. 001	0. 001	0. 001	0. 001	0. 001	100	337	0. 0079
国有林场	0. 001	0. 001	0. 001	0. 001	0. 001	0. 001	239	0. 0109
国有林场危旧房	0. 001	7	36	45	10	44	25	0. 0018
国有林场基础设施	0. 001	0. 001	0. 001	0. 001	24	14	25	0. 0049
国有林场富余职工	0. 001	0. 001	0. 001	0. 001	0. 001	0. 001	18	0. 0109
国有林场改革	0. 001	0. 001	0. 001	0. 001	0. 001	0. 001	562	0. 0109
国有林场棚户区改造	0. 001	3	11	21	32	41	14	0. 0021
夏季森林防火	0. 001	1	6	21	61	34	34	0. 0027
外来有害生物	0. 001	0. 001	0. 001	0. 001	0. 001	322	235	0. 0071
天然林保护	0. 001	0. 001	0. 001	0. 001	0. 001	462	933	0. 0073

（续）

关键词	2009 年	2010 年	2011 年	2012 年	2013 年	2014 年	2015 年	权重
实木家具	0. 001	0. 001	0. 001	0. 001	0. 001	1	0. 001	0. 0109
巡山守卡	0. 001	0. 001	2	2	13	10	7	0. 0031
巡山护林	0. 001	0. 001	0. 001	0. 001	18	294	252	0. 0063
征占用林地	0. 001	4	12	2	48	142	91	0. 0040
扑火队	0. 001	0. 001	21	110	64	259	180	0. 0032
护林员	0. 001	0. 001	0. 001	0. 001	0. 001	0. 001	0. 001	0. 0109
改变林地用途	0. 001	0. 001	0. 001	0. 001	337	849	340	0. 0053
政策性森林保险	0. 001	8	22	68	70	222	104	0. 0028
春季森林防火	0. 001	0. 001	0. 001	0. 001	0. 001	0. 001	346	0. 0109
春尺蠖	0. 001	0. 001	6	21	43	65	87	0. 0032
有害生物入侵	0. 001	0. 001	0. 001	0. 001	1	159	294	0. 0072
木地板	0. 001	0. 001	0. 001	0. 001	0. 001	0. 001	0. 001	0. 0109
木材加工	0. 001	0. 001	0. 001	0. 001	0. 001	0. 001	559	0. 0109
木材进口	0. 001	0. 001	0. 001	0. 001	0. 001	0. 001	494	0. 0109
杜仲	0. 001	0. 001	0. 001	0. 001	0. 001	0. 001	0. 001	0. 0109
松材线虫	0. 001	2	36	106	130	165	78	0. 0023
松材线虫病	0. 001	0. 001	0. 001	0. 001	0. 001	181	258	0. 0071
松褐天牛	0. 001	0. 001	5	29	43	83	89	0. 0032
板栗	0. 001	0. 001	0. 001	0. 001	0. 001	0. 001	0. 001	0. 0109
林业有害生物	0. 001	0. 001	0. 001	0. 001	0. 001	0. 001	309	0. 0109
林业有害生物 飞防	0. 001	0. 001	1	2	13	29	6	0. 0046
林业有害生物无公害防治	0. 001	0. 001	2	10	36	20	18	0. 0032
林业有害生物灾害	1	2	4	4	0. 001	0. 001	0. 001	0. 0038
林业有害生物调运检疫	0. 001	0. 001	1	5	9	18	14	0. 0032
林业植物检疫	0. 001	2	27	85	207	179	120	0. 0027
林业龙头企业	0. 001	0. 001	0. 001	0. 001	93	352	180	0. 0055
林地使用权	0. 001	0. 001	0. 001	39	193	181	110	0. 0039
林地使用费	0. 001	0. 001	1	2	4	5	1	0. 0030
林地变更调查	0. 001	0. 001	1	1	12	28	27	0. 0044
林地承包经营权	0. 001	5	22	45	166	121	150	0. 0027
林地补偿标准	0. 001	9	9	21	72	96	21	0. 0029
林木种子贮备	0. 001	0. 001	0. 001	0. 001	1	2	0. 001	0. 0073

（续）

关键词	2009 年	2010 年	2011 年	2012 年	2013 年	2014 年	2015 年	权重
林木种苗	0.001	0.001	0.001	0.001	0.001	286	261	0.0070
林木种苗检验员	0.001	1	0.001	3	1	12	3	0.0043
林木种苗生产经营许可证	0.001	0.001	0.001	3	2	12	11	0.0044
林木种苗管理站	0.001	0.001	1	6	17	35	15	0.0037
林木种苗质量	0.001	0.001	0.001	0.001	27	68	35	0.0052
林木良种	0.001	0.001	0.001	60	133	246	159	0.0037
林木良种使用率	0.001	0.001	1	5	11	8	13	0.0030
林木良种补贴	0.001	1	18	0.001	23	42	27	0.0032
林木采伐许可证	0.001	0.001	0.001	0.001	94	267	259	0.0052
林权抵押	0.001	0.001	0.001	0.001	61	985	550	0.0065
林权抵押贷款	0.001	0.001	0.001	0.001	266	358	210	0.0049
林权登记	2	1	33	77	135	186	221	0.0027
林果有害生物	0.001	0.001	2	1	8	4	3	0.0031
林纸浆	0.001	27	44	92	74	61	9	0.0018
林草植被	0.001	2	6	14	57	57	53	0.0029
枣	0.001	0.001	0.001	0.001	0.001	0.001	0.001	0.0109
核桃	0.001	0.001	0.001	0.001	0.001	0.001	0.001	0.0109
森林人家	0.001	0.001	0.001	0.001	0.001	0.001	0.001	0.0109
森林保险	0.001	0.001	0.001	0.001	0.001	0.001	344	0.0109
森林停伐	0.001	2	0.001	2	10	87	48	0.0054
森林公园	0.001	0.001	0.001	0.001	0.001	0.001	0.001	0.0109
森林公园免费开放	0.001	0.001	0.001	0.001	0.001	215	242	0.0070
森林公园建设用地	0.001	2	30	37	49	50	15	0.0020
森林公园旅游收入	0.001	1	24	28	90	132	77	0.0028
森林公园空气负离子	0.001	0.001	0.001	29	121	252	57	0.0046
森林公园管理办法	0.001	1	21	15	20	9	34	0.0021
森林公安	0.001	0.001	0.001	0.001	0.001	0.001	0.001	0.0109
森林分类经营	0.001	0.001	6	6	19	22	8	0.0028
森林旅游业	0.001	0.001	0.001	74	266	282	155	0.0037
森林消防	0.001	0.001	0.001	0.001	0.001	0.001	0.001	0.0109
森林火灾	0.001	0.001	0.001	0.001	0.001	0.001	0.001	0.0109
森林火灾保险	0.001	6	22	26	39	31	24	0.0014

（续）

关键词	2009年	2010年	2011年	2012年	2013年	2014年	2015年	权重
森林火警	0.001	0.001	0.001	0.001	121	343	204	0.0052
森林火险	0.001	0.001	0.001	0.001	0.001	0.001	0.001	0.0109
森林病虫害防治	0.001	0.001	0.001	9	166	236	238	0.0045
森林草原防火	0.001	0.001	0.001	0.001	0.001	58	312	0.0084
森林蓄积量	0.001	0.001	0.001	0.001	0.001	0.001	234	0.0109
森林覆盖率	0.001	0.001	0.001	0.001	0.001	0.001	0.001	0.0109
森林资源	0.001	0.001	0.001	0.001	0.001	0.001	0.001	0.0109
森林资源流转	1	4	5	18	42	12	0.001	0.0035
森林资源清查	1	6	18	48	99	321	85	0.0038
森林资源资产评估	2	6	46	80	239	268	107	0.0028
森林防火	0.001	0.001	0.001	0.001	0.001	0.001	0.001	0.0109
森林防火戒严令	0.001	0.001	0.001	5	17	0.001	2	0.0065
森林防火责任制	0.001	2	10	23	52	80	68	0.0027
武警森林部队	0.001	0.001	0.001	0.001	0.001	140	250	0.0072
毁林	0.001	0.001	0.001	0.001	0.001	0.001	29	0.0109
毁林开垦	0.001	16	38	52	65	196	159	0.0024
毁林开荒	0.001	0.001	70	81	223	207	141	0.0024
沙化土地	0.001	0.001	0.001	0.001	0.001	0.001	571	0.0109
沙障	0.001	12	86	95	139	191	73	0.0019
油茶	0.001	0.001	0.001	0.001	0.001	0.001	0.001	0.0109
湿地公园	0.001	0.001	0.001	0.001	0.001	1	0.001	0.0109
濒危物种	0.001	0.001	0.001	0.001	0.001	0.001	0.001	0.0109
灌草	0.001	12	31	33	0.001	39	43	0.0023
火烧迹地	0.001	4	23	13	0.001	32	41	0.0030
特许捕猎证	0.001	0.001	0.001	0.001	0.001	2	0.001	0.0109
珍贵树种	0.001	0.001	0.001	0.001	0.001	1	178	0.0107
生态安全	0.001	0.001	0.001	0.001	0.001	0.001	0.001	0.0109
生态效益补偿	0.001	0.001	0.001	0.001	0.001	425	182	0.0075
生态文明	0.001	0.001	0.001	1	0.001	0.001	0.001	0.0109
盗猎	0.001	0.001	0.001	0.001	0.001	0.001	0.001	0.0109
省级森林公园	0.001	0.001	0.001	0.001	0.001	0.001	93	0.0109
石漠化	0.001	0.001	0.001	0.001	0.001	0.001	420	0.0109

（续）

关键词	2009年	2010年	2011年	2012年	2013年	2014年	2015年	权重
碳汇	0.001	0.001	0.001	0.001	0.001	0.001	445	0.0109
秋冬季森林防火	0.001	7	24	54	117	123	69	0.0023
种苗行政执法	0.001	0.001	0.001	5	8	15	11	0.0035
红木家具	0.001	0.001	0.001	0.001	0.001	1	0.001	0.0109
纤维板	0.001	0.001	0.001	0.001	0.001	0.001	194	0.0109
育林基金	0.001	4	9	15	7	10	21	0.0016
胶合板	0.001	0.001	0.001	0.001	0.001	0.001	0.001	0.0109
自然保护区	0.001	0.001	0.001	0.001	0.001	0.001	0.001	0.0109
航空护林	0.001	0.001	0.001	59	123	146	45	0.0037
薇甘菊	0.001	0.001	0.001	0.001	315	230	131	0.0051
蜀柏毒蛾	0.001	14	1	6	16	15	34	0.0024
退耕还林	0.001	0.001	0.001	0.001	0.001	0.001	0.001	0.0109
速生丰产林	1	38	39	59	67	68	35	0.0011
采伐限额	0.001	5	22	31	82	214	41	0.0036
野生动植物	0.001	0.001	0.001	0.001	0.001	0.001	0.001	0.0109
野生动植物进出口	0.001	0.001	11	10	47	86	19	0.0037
野生动植物保护	0.001	0.001	0.001	0.001	0.001	0.001	0.001	0.0109
野生动物保护	0.001	0.001	0.001	0.001	0.001	0.001	0.001	0.0109
野生动物养殖业	0.001	0.001	19	28	3	19	10	0.0028
野生动物非法贸易	0.001	0.001	0.001	0.001	0.001	125	346	0.0076
野生动物驯养繁殖	0.001	0.001	0.001	0.001	0.001	294	289	0.0070
防沙治沙	0.001	0.001	0.001	0.001	0.001	91	276	0.0077
防火隔离带	0.001	0.001	0.001	0.001	0.001	241	240	0.0070
防风固沙	0.001	0.001	0.001	0.001	0.001	90	464	0.0084
防风固沙林	0.001	1	18	29	37	1	0.001	0.0044
集体林权	0.001	0.001	0.001	0.001	0.001	384	414	0.0070
集体林权主体改革	0.001	3	18	33	37	47	18	0.0019
集体林权确权	2	5	35	66	101	68	27	0.0023
集体林权改革	0.001	0.001	0.001	0.001	102	427	253	0.0055
集体林权配套改革	0.001	4	12	32	49	45	23	0.0020
非法侵占林地	0.001	1	17	21	4	209	262	0.0053
风力灭火机	0.001	4	31	47	109	105	93	0.0022

（续）

关键词	2009 年	2010 年	2011 年	2012 年	2013 年	2014 年	2015 年	权重
食叶害虫	0.001	0.001	4	99	80	246	127	0.0035
高峰林场	1	10	73	207	114	130	99	0.0019
黄斑星天牛	0.001	0.001	1	6	5	10	15	0.0031
黄柏	0.001	0.001	0.001	0.001	0.001	0.001	0.001	0.0109
关键词在社交网络中影响力	2.91E-06	0.0025	0.0038	0.0068	0.0126	0.0142	0.0071	0.5024

从检索词频结果（表 30）来看，到 2015 年，排名前 10 位的关键词分别为“天然林保护”“三北防护林”“沙化土地”“国有林场改革”“木材加工”“林权抵押”“木材进口”“防风固沙”“占用林地”和“碳汇”。2009 年微博刚刚兴起，林业政策关键词在微博中的搜索发帖量仅 1~2 次，被搜索的关键词仅有“森林资源资产评估”“林权等级”“集体林权确权”“森林资源清查”“林业有害生物灾害”“森林资源流转”“商品林”“高峰林场”“速生丰产林”，从 2010 年开始，林业政策关键词在微博中的搜索发帖量逐年上升，到 2015 年总的发帖量高达 1.96 万次。通过分年统计关键词的搜索发帖量，发现前 10 位关键词排名有很大的浮动；近两年，“天然林保护”“林权抵押”受关注较多“三北防护林”“国有林场改革”“防风固沙”“碳汇”等关键词受到关注。

从关键词的权重分配来看，可以知道，有 51 个关键词指标所占的权重较高，而“速生丰产林”关键词所占的权重最小，即对社交网络中影响力的作用较低。

从影响力值来看，林业政策关键词在国内的社交网络影响力由 2009 年的 0.0000292 上升到 2014 年的 0.0142，然后下降到 2015 年的 0.0071，整体呈波动上升趋势，影响力值波动上升幅度较大。在社交网络的影响下，用户通过在社交网络搜索林业政策相关的关键词的频率呈现上升趋势，林业政策相关的关键词在社交网络中的影响力总体呈现上涨的趋势。这说明，随着信息与通信技术（information and communication technology，ICT）的不断发展，尤其是移动互联设备的不断普及，社交媒体的影响力日益扩大，并逐渐成长为用户创造内容、分享信息与搜寻信息的主要平台。

通过以上分析比较发现，从检索词频结果来看，2009—2015 年，在学术方面排名前 10 位的林业政策关键词未发生太大变化，在社交网络方面排名前 10 位的林业政策关键词发生较大变化，而在搜索引擎方面排名前 10 位的林业政策关键词和总体检索排名前 10 的林业政策关键词基本一致。这说明搜索引擎在检索林业政策关键词方面受关注程度高于学术和社交网络。从指标权重分配来看，社交影响力所占的权重较高，而搜索影响力和学术影响力的权重较小。这说明社交网络影响力在网络综合影响力中的作用高于搜索影响力和学术影响力对网络的综合影响力。从网络综合影响力评价结果来看，社交网络在公众影响力方面虽然不及搜索引擎网络，存在一定差距，但社交网络的影响力正在逐渐增加，学术影响力反而呈现下降趋势。因此，林业行业可以借力社交网络媒体在传播能力和信息深化等方面的优势，扩大社交平台辐射范围，吸引更多受众关注，继而提高林业政策的网络影响力。

参考文献

顾东蕾，杨苹，朱佳鸣. 全球官方专利网站的网络影响力之比较研究［J］. 科技情报开发与经济，2009（19）：52-54.

任景华. 关于网络影响力的若干思考［J］. 运城学院学报，2008（12）：104-107.

吴茵茵. 从我国高校网络建设分析信息计量学研究的局限性［J］. 图书情报工作，2008（4）：35-37.

Aggarwal C C. Social Network Data Analytics［M］. New York：Springer，2012.

Berry J，Keller E. The Influentials：One American in Ten Tells the Other Nine How to Vote，Where to Eat，and What to Buy［M］. New York：The Free Press，2003.

Cialdini R B. Influence：Science and Practice［M］. Boston：Allyn and Bacon，2003.

Garfield E. Citation analysis as a tool in journal evaluation［J］. Science，1972，178（4060）：471-479.

Gladwell M. The Tipping Point：How Little Things Can Make a Big Difference［M］. New York：Little Brown，2000.

Katz E，Lazarsfeld P. Personal Influence：The Part Played by People in the Flow of Mass Communications［M］. New York：The Free Press，1955.

Kim S D，Kim S H，Cho H G. Predicting the virtual temperature of web-blog articles as a measurement tool for online popularity［C］//Computer and Information Technology（CIT），2011 IEEE 11th International Conference on. IEEE，2011：449-454

Lerman K，Hogg T. Using a model of social dynamics to predict popularity of news［C］//Proceedings of the 19th international conference on World wide web. ACM，2010：621-630.

McCallum A，Wang X，Mohanty N. Joint group and topic discovery from relations and text［M］. Springer Berlin Heidelberg，2007：28-44.

Rogers E M，Diffusion of Innovations［M］. New York：The Free Press，1962.

Saito K，Kimura M，Ohara K，Motoda H. Learning continuous-time information diffusion model fbr Social Behavioral Data Analysis［M］. Asian Conference on Advances in Machine Learning. Springer，2009：322-337.

Saito K，Kimura M，Ohara K，Motoda H. Behavioral Analyses of Information Diffusion Models by）Observed Data of Social Network［M］. Advances in Social Compiling. Springer，2010：149-158.

Tatar A，Leguay J，Antoniadis P，et al. Predicting the popularity of online articles based on user comments［C］//Proceedings of the International Conference on Web Intelligence，Mining and Semantics. ACM，2011：67.